国家社会科学基金"十四五"规划2022年度教育学重点课题"智能技术赋能教育评价改革研究"（课题批准号：ACA220026）

智能技术赋能
教育评价国际案例集

吴龙凯　〔美〕杨　浩◎编著

科学出版社

北京

内 容 简 介

本书遴选多个具有国际影响力的智能评价典型案例，涵盖美国、英国、韩国、澳大利亚、日本等多个国家和地区，涉及教育评价功能、教育评价内容、教育评价工具和教育评价方式四个评价领域的重要专题，多方位、多角度地探讨了时下不同国家和地区智能技术赋能教育评价的实践情况。对国际智能教育评价优秀案例进行介绍的目的是立足我国智能技术赋能教育评价的现状，纳入创新技术，把握未来趋势，为我国教育评价改革的推进提供理论参考和实践范例。

本书可供教育学、教育技术学专业的本科生、研究生阅读，也可供县级以上教育管理者、教育信息化部门主管领导、校长等参阅。

图书在版编目（CIP）数据

智能技术赋能教育评价国际案例集 / 吴龙凯, (美) 杨浩编著. -- 北京：科学出版社, 2024.6. - ISBN 978-7-03-078970-9

Ⅰ. G40-058.1

中国国家版本馆 CIP 数据核字第 2024R7D764 号

责任编辑：朱丽娜　冯雅萌/责任校对：贾娜娜
责任印制：徐晓晨 / 封面设计：润一文化

科学出版社 出版
北京东黄城根北街 16 号
邮政编码：100717
http://www.sciencep.com
北京建宏印刷有限公司印刷
科学出版社发行　各地新华书店经销
*
2024 年 6 月第 一 版　开本：720×1000　1/16
2024 年 6 月第一次印刷　印张：12 1/4
字数：200 000
定价：99.00 元
（如有印装质量问题，我社负责调换）

目　　录

绪　　论

2020 年，中共中央、国务院印发的《深化新时代教育评价改革总体方案》明确提出，要充分发挥教育评价的指挥棒作用。2023 年，习近平总书记在中共中央政治局第五次集体学习的讲话中指出，"深化新时代教育评价改革，构建多元主体参与、符合中国实际、具有世界水平的教育评价体系"①。以人工智能为代表的智能技术不断被应用于教育领域，缔造了智慧教育新形态，也引发了人们对教育评价的新思考。智能技术与教育评价的深度融合，是数字时代教育评价改革的契机与趋势，把握智能技术赋能教育评价这一重大课题，有利于我们预判今后评价改革领域的重要关注点，了解相关技术在教育评价中的应用瓶颈，突破关键评价技术的设计与研发。

本书主要面向一些发达国家和地区收集与整理优秀案例，分析当前各国及地区智能技术赋能教育评价的实施情况，关注时下智能技术赋能教育评价的新技术和新趋势。例如，澳大利亚社会互动与影响力（Engagement and Impact，EI）评价在其卓越科研评估中既借鉴了作为结果的影响力评价，又兼顾了作为过程的社会互动性评价；美国私立高中联盟 MTC（Mastery Transcript Consortium）利用其创建

---

① 习近平主持中央政治局第五次集体学习并发表重要讲话[EB/OL]. (2023-05-29)[2024-04-25]. https://www.gov.cn/yaowen/liebiao/202305/content_6883632.htm.

的掌握成绩单来评价学生，倡导使学生为适应未来的世界做好准备；英国 Education Quizzes 自适应评测平台能够根据学生的表现和能力水平，自动调整测试题的难度和数量，从而为学生提供更具挑战性与针对性的测试和练习；日本文部科学省在 2021 年开展了基于计算机的测试系统项目 MEXCBT，通过更高效、更精确的测试方法来评估学生的认知能力和技能水平。

  本书遴选了 21 个具有国际影响力的智能技术赋能教育评价案例，并从案例基本信息、案例概述、案例实施与推进、案例特点与创新、案例经验与启示五个方面介绍和分析了每一个具体的案例。其中，案例基本信息主要涵盖案例的作用和测试的目的，包含案例名称、实施时间、实施对象等。案例概述主要描述的是案例的基本功能和这些案例在实际生活中的应用，以及相关政策的导向功能和社会中各部门的实施情况与举措，其中部分案例中还包含国家政策支持、合作机构、项目或机构的评价指标，以及教育评价的地位和评估等级等方面。案例实施与推进部分从案例的实施背景、实施方案和实施效果三方面对案例进行详细介绍：实施背景部分主要概述项目、平台或系统的政策支持；实施方案是指为了达到评估指标的要求而采取的对应措施和方法；实施效果则是项目、平台或系统实施后，在教师、学生、社区、家长等对象中所取得的效果，以及在促进教育发展、提高教学效率、降低教学成本等方面所取得的效果。案例特点与创新部分主要涵盖某一案例在实施过程中所表现出的突出特征，如多维度的评估体系、多方协作交流等。案例经验与启示部分则参考国际上智能技术赋能教育评价的实际举措，结合我国教育的实际情况，从多主体角度出发，总结经验，为我国教育评价质量和效率提升提供参考性意见，以进一步推动我国教育高质量、可持续发展。

  为进一步探究智能技术在教育评价中的应用和成效，我们将相关的典型案例具体分类为评价功能、评价内容、评价工具和评价方式四大类，如图 0-1 所示。这些分类不仅能为我们提供一个清晰的框架来理解和分析这些案例，也预示着智能技术赋能教育评价的未来发展趋势。

  教育评价作为教育活动的指挥棒，对教育评价功能认识的深入有利于推动评价理念的革新。在传统教育评价中，知识和技能几乎构成学习者的所有特征，教育评价也主要为甄别与选拔服务，虽然后续有研究者发展并扩充了其促进学习的发展性功能，但是学习者的主体地位仍然在一定程度上被忽视，缺少对学习过程与学习结果之间联系的考察。智能技术赋能教育评价，将人的发展置于核心地位，利用数字技术对教育主体开展三维立体评价，不仅能够追踪学习者的学习痕迹，补充过程性评价，还能根据相应数据提供过程监控预警等功能，更重要的是智能技术可以贯通学习者的各学习阶段，推动各学习阶段的紧密连接，实现对教育主体的系统培养，促进学习者自主学习能力的发展，增进他们对自我的认识，最终促进高素质人才培养和高质量教育发展。

图 0-1　智能技术赋能教育评价典型案例的具体分类

　　传统教育评价是基于知识内容的评价，这种评价内容大多单一、封闭，难以适应教育事业高质量发展的内在需求。在教育改革的背景下，教育评价内容由知识为重转变为知识、能力、综合素质并重，智能技术与教育评价领域的深度融合可以有效推动该转变的实现。智能技术构建的多维度空间的信息能够拓展教育评价内容所需的信息和数据来源，量化诊断学生的知识掌握程度、高阶能力、数据分析和预测、读写与计算能力、思想品德、艺术素养和社会实践等多维度内容，科学客观地评价学生的综合素质、学习态度、情感价值观等方面，助力学生的全面、个性化发展。

　　随着教育评价领域的全面深化改革，充分利用信息技术开发评价工具，促进教育评价效率与质量的提升，是新时代教育评价改革的重要实践。数字化转型的发展推动技术、工具的升级与优化，出现了智能评测、智能阅卷以及自适应测评等多种新兴技术，催生了很多新型"评价工具"，如认知诊断评估、游戏化评价、计算机自适应测试、虚拟现实仿真场景测试等。充分利用智能技术优势，开发智能化评价工具和产品，有助于评价工作更快速、准确、规范，进而提高评价的科学性、客观性、有效性。

以纸笔测验、抽样问卷、课堂观察为主的传统教育评价方式，主要是基于假设的"小数据"评价，要么局限于评价主体的主观推断，要么依托理论假设的小规模抽样统计，往往以忽视教育的复杂性、非线性为代价而换取评价结果的全面性和客观性。智能技术赋能的教育评价打造了全新的评价方式体系，促使教育评价方式从"始于假设"的小数据评价转向"数据驱动"的大数据评价，同时通过引入学习账户、微证书等创新评价方式，进一步提高了评价的客观性，给教育评价领域带来了深远的影响。

智能技术赋能教育评价不仅改变了评价方式，更从根本上转变了评价理念，为培养高素质人才和推动高质量教育发展注入了强劲动力。下文将深入探讨国际上智能技术赋能教育评价的成功案例，通过分析这些案例的实践经验与成果，为我国后续教育评价改革提供宝贵的参考与借鉴。

第一章

教育评价功能不断拓展

第一节　悉尼科技大学 AcaWriter 即时形成性反馈

一、案例基本信息

案例名称：AcaWriter 即时形成性反馈

实施时间：2015 年至今

主要实施者：悉尼科技大学互联智能中心

实施对象：悉尼科技大学教育工作者和学生

相关网址：https://acawriter.uts.edu.au/

AcaWriter 是由悉尼科技大学互联智能中心于 2015 年开发的一款提供即时形成性反馈以辅助写作的工具。它运用了人工智能和自然语言处理等一系列先进的技术，来帮助学生更好地进行学术写作。

二、案例概述

悉尼科技大学互联智能中心在早期对学生写作教学和评估的教学实践中发现，当让学生使用正式的标准对自己的写作进行自我评估时，他们往往会高估自己的写作水平。如果学生在大学期间没有被教导如何有意义地评估自己的书面写作，他们将不太可能在实践中学习这项技能。批判性的分析性写作能力是一项关键技能，尤其是在高等教育背景下，这项技能也是学生从事大多数知识密集型职业所需的关键技能。而对自己的写作具有良好自我评估能力的学生，更容易写出具有论证技巧且充满辩证思维的文章。评估书面写作质量的行为涉及元认知过程，尤其是对自己的评估过程，该过程是复杂的。研究证据表明，即时、个性化的反馈是影响学习的关键因素之一，更迅速、更精确的反馈，能让学生更好地评价自己的学习过程，从而得到更好的学习结果。同时，学生通过即时且个性化的反馈，也能极大地提升学术写作能力。但是反馈很"昂贵"——评估学生的写作极其耗时，任何一位学者都不能为数百名学生提供一份又一份的、全天候的详细反馈。但这是自动反馈可以填补的空白，以补充只有熟练的学者才能提供的专家评估。

为了培养学生像专家那样具备准确评估自己文章的能力，悉尼科技大学互联智能中心研发了 AcaWriter 平台，为学生提供全天候的反思性写作反馈。图 1-1 为 AcaWriter 平台用户界面首页。AcaWriter 由 PHP（Hypertext Preprocessor）编程实现，运用了人工智能和自然语言处理等技术，它能实现如下具体功能：大学用户身份验证；提供用户可以实验的特定学科示例文本，以及用户指南中的特定学科示例；接受来自用户的纯文本输入；记录用户所有的提交历史；在 Open Xerox 服务器上调用多个自然语言处理服务（到反思和分析/修辞解析器）；以多种形式将反馈结果呈现给用户。

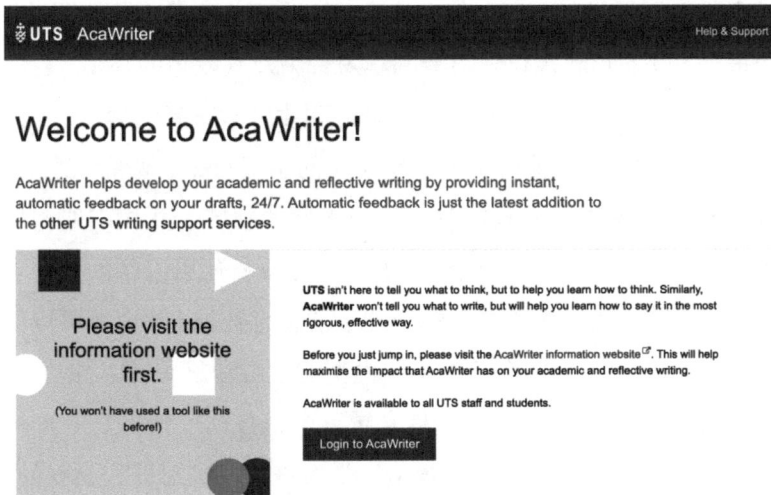

图 1-1　AcaWriter 平台用户界面首页

AcaWriter 支持两种不同类型的写作：分析性写作和反思性写作。用户在开始时需要告诉 AcaWriter 使用哪种类型的写作，之后它就会生成与该类型相关的反馈。分析性写作被广泛应用于大学的所有学科，包括学术论文或商业报告等任何形式的写作，内容通常包含评估文献、介绍和对比重要的概念，以及确定论点等。反思性写作是对经验、意见、事件或新信息以及对自己的思想和情感的回应。这种写作通常用于帮助人们进行更深入的探索性学习，从而理解学习的含义，并且有机会获得新的自我认识。需要注意的是，AcaWriter 并不对学习者在系统中上传的写作草稿进行自动评分，而是对草稿进行即时形成性反馈。AcaWriter 旨在向学习者揭示他们如何使用（或不使用）书面语句来使他们的思维"可见"，从而使他们逐渐内化这个过程。

三、案例实施与推进

（一）实施背景

关于学习分析的研究近年来得到了研究者的广泛关注。学习分析是一个跨学科领域，结合了数据科学、教育和信息技术，对学习者及其背景数据进行测量、收集、分析和报告，以了解和优化学习者的学习行为及其发生的环境，旨在通过使用数据、统计和定量方法以及可视化技术来理解和改进学习者的学习过程。学习分析对学生学习的重要性在于它能够实时洞察学生的学习行为、偏好和进步。这使教师能够快速确定学生可能需要获得额外支持或干预的领域，并相应地调整他们的教学方法，优化学生个性化的学习体验。此外，学习分析还可以帮助教育者评估和制定他们的教育政策。通过收集不同政策影响下的教育数据，教育者可以更深入地了解在不同的学习环境中，哪些政策对不同类型的学习者最有效。

即时形成性反馈在教育领域变得越来越重要，自动反馈工具有可能实时提供此类反馈。这些工具可以分析学生的反应、学习进度及其对课程材料的参与程度，并对他们的表现提供即时反馈。这使学生能够调整自己的学习习惯，了解自己的优缺点，并充分利用自己的学习经验。通过提供即时形成性反馈，这些工具可以帮助学生改善学习成果，提高教育的整体质量。

2017 年，悉尼科技大学互联智能中心以评估医药学专业学生对新型在线反思性写作工具的优点和有效性的看法为主题开展了实验和研究。反思性写作不是一项容易培养的技能，并且与其他形式的写作有很大不同。研究表明，学生认为反思和反思性写作是具有挑战性和对抗性的任务，尤其是因为它们均涉及内省和个人因素①。尽管如此，掌握反思的能力仍被认为对医药学从业者的专业发展至关重要。通过反思性写作过程，许多开设有医药学专业的学校帮助学生学习如何评价自己的实践技能，以改进他们未来的实践。然而，教师评估学生反思任务中的表现需要仔细考虑并清楚地理解这些练习的目的。如果反思的主要目的之一是让学生能够自我批评他们的专业实践技能，那么能提供即时形成性反馈并可随时使用的在线工具可能会有所帮助。

学生的反思性写作可以通过教师提供的即时形成性反馈来激发。学生在提交评估后越早收到即时形成性反馈，这种反馈对他们未来学习的影响就越大。然而，随着越来越多的学生接受高等教育，教师在平衡教学和研究时间方面面临着越来越多的挑战，定期或及时地向每个学生提供个人即时形成性反馈通常是不可能的。这就给那些需要得到更多帮助来完成任务，尤其是像反思性写作这样具有挑战性的任务的学生带来了问题。

（二）实施方案

悉尼科技大学互联智能中心设计的 AcaWriter 平台能够为学生的分析性写作和反思性写作提供即时形成性反馈。AcaWriter 利用一系列自然语言处理技术来分析学生的写作。自然语言处理技术涉及使用计算机算法从人类语言文本中识别和提取特定特征，包括描述文本结构的句法特征和基于所用单词的词汇特征来捕获语义信息的特征。这些特征可用于识别高级概念，这些概念又可以用作向学生提供反馈的基础。悉尼科技大学互联智能中心早期对 AcaWriter 进行了精度和准确度评

① Shum S B, Sándor Á, Goldsmith R, et al. Reflecting on reflective writing analytics: Assessment challenges and iterative evaluation of a prototype tool[C]. Proceedings of the Sixth International Conference on Learning Analytics & Knowledge, 2016.

和测试后可以使用假名，允许研究人员在不识别任何学生或其答案的情况下收集实验数据。

在进行调查之前，课程协调员开展了一个小时的研讨会，以演示 AcaWriter 的使用方法。然后，课程协调员向学生提供了一个在线匿名调查（测试前）的链接，要求他们提供一个假名，该假名将被保留下来，供测试后使用。这项调查包括 6 个定量问题，使用利克特 6 点计分，范围为 1（强烈不同意）到 6（强烈同意）。学生被要求说明他们在多大程度上同意与 AcaWriter 工具相关的陈述（表 1-1）。完成前测后，学生被要求使用 AcaWriter 在四周内每周撰写和修改反思，以完成后测。

表 1-1　AcaWriter 工具在线调查反馈表（N=39）

问题	前测学生评价 M（SD）	后测学生评价 M（SD）	p
1. 利用学术写作在线反思工具有助于我反思性写作技巧的发展	3.4（0.9）	3.4（0.6）	0.777
2. 利用学术写作在线反思工具有助于评价自己的工作	3.3（1.1）	3.3（0.6）	1
3. 学术写作在线反思工具不太可能成为医药学专业教育的有用工具	1.6（1.0）	2.3（1.5）	0.016
4. 利用学术写作在线反思工具可以提高我的自主学习能力	2.8（1.4）	3.4（1.0）	0.053
5. 使用学术写作在线反思工具是和医药学专业实践有关的	2.8（1.4）	3.4（1.0）	0.024
6. 使用学术写作在线反思工具能让我更有信心去提交自己的论文	3.2（1.1）	3.7（1.0）	0.050

在 67 名学生中，有 60 名学生自愿参加了这项研究，回应率为 90%。然而，因为不是所有学生都在测试前创建了假名，所以只有 39 个前后测试调查结果可以匹配和分析。根据表 1-1，从前测到后测，学生对 AcaWriter 优点的认同度有了一定程度的提高。具体而言，学生认为利用 AcaWriter 工具有助于提高他们的自主学习能力（前测 M=2.8，后测 M=3.4，p=0.053）、和医药学专业实践有关（前测 M=2.8，后测 M=3.4，p=0.024），以及增强他们提交论文的信心（前测 M=3.2，后测 M=3.7， *p*=0.050）。这些结果表明 AcaWriter 是一种有效的教育工具，能够在学生中产生积极的影响。

悉尼科技大学互联智能中心的这项研究旨在确定医药学专业学生对在线形成性反馈工具的益处和有效性的看法，其研究结果支持了先前的研究结论，表明 AcaWriter 工具可通过即时形成性反馈帮助学生发展反思性写作技能。这项研究的优点包括学生自愿参与，并能根据自己的时间灵活使用 AcaWriter 工具。此外，由于学生被要求匿名回答问题，收集到的数据具有较高的真实性。除了高达90%的问卷回应率之外，使用该工具四周之后，学生对 AcaWriter 的认可程度显著提高，这表明他们能够投入到研究任务中。这项研究中的医药学专业学生认为，AcaWriter 工具的最大好处是它与医药学专业教育联系紧密，提高了他们的自主学习能力，此外也增强了他们撰写反思性论文的信心。

这项研究的结果表明，新型在线反思性学习工具能够使医药学专业学生对他们的反思性写作任务更有信心。由于反思性写作技巧在教育领域获得了广泛关注，未来的研究可以探索如何在其他医药学教育或更广泛的教育环境中使用类似的即时形成性反馈写作辅助工具。

（三）实施效果

AcaWriter 在高等教育领域经历了各种真实学习环境的评估，并获得了积极的反馈。悉尼科技大学的学生和教育工作者报告，学生的写作表现有所提高，并且对于写作的不同组成部分有了更深入的理解。虽然学生在使用 AcaWriter 之前可能持怀疑态度，但大量实证研究证明，在体验后，他们的态度会发生积极转变。所有的结果和成果都有专业评审的出版物记录，并且公开可查。

2021年，悉尼科技大学对12名医药学硕士学生进行了一个关于 AcaWriter 工具的50分钟焦点小组讨论，结果表明，在医药学课程中使用的 AcaWriter 这种新型网络应用程序可以帮助学生进行自我和同伴反思研究任务[1]。2022年，悉尼科技

---

[1] Lucas C, Shum S B, Liu M, et al. Implementing a novel software program to support pharmacy students' reflective practice in scientific research[J]. American Journal of Pharmaceutical Education, 2021, 85(10): 8320.

ASSISTments 是由伍斯特理工学院开发的一款免费的基于网站的在线工具，供美国教师布置数学作业和跟踪学生成绩，现已推广到全球范围内的多个国家和地区使用。通过该平台，教师可以向学生提供即时反馈，同时接收有关学生学习与作业完成情况等方面的信息。教师既可以从内容库中选择任务或问题，也可以创建自己的内容。该平台的特点是强调学习的过程性，故它注重在学习过程中提供多样化的诊断评估以及即时反馈，从而给予学习者即时的反馈与指导，辅助学习者开展更高效的学习活动。

二、案例概述

自出现教师这个职业以来，人们便寻求各种办法，希望在提高教学质量的同时减轻教师的教学负担。20 世纪 20 年代出现的智能机器使得这种"希望"变得不是那么遥不可及，当时美国俄亥俄州立大学的心理学教授西德尼·普雷西（Sidney Pressey）开发了一个智能机器，用于给学生提供练习。虽然这个机器并没有那么"智能"，但它开启了智能教学系统研究的先河。随着技术的不断发展，到了 21 世纪，理论和实践研究的不断深入也为智能导师系统的发展提供了更多的契机，使得智能导师系统不断走向成熟和完善。正是基于此前的构想与实践，ASSISTments 于 2003 年由尼尔·赫弗南（Neil Heffernan）和克里斯蒂娜·赫弗南（Cristina Heffernan）（以下简称赫弗南夫妇）共同开发，他们在 20 世纪 90 年代开始担任中学数学教师，当时他们发现课堂教学需要更有效的学生反馈和数据驱动，所以该平台的设计初衷是重点关注学生学习的过程，并且在后续的发展中越发强调过程性、即时反馈的特征。

ASSISTments 智能导学平台是完全免费提供给教师与学生使用的，该平台通过向学生提供反馈和向教师提供评估数据，能够提高学生的学习效率，使教师能更加有效地批改学生的家庭作业和课堂作业。ASSISTments 智能导学平台首页如图 1-3 所示。

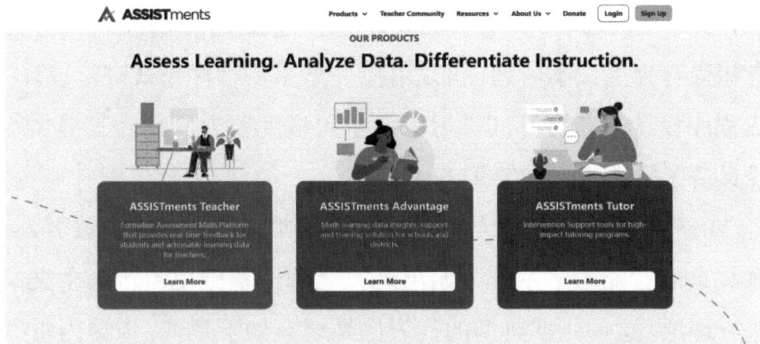

图 1-3　ASSISTments 智能导学平台首页

2019 年，赫弗南夫妇成立了 ASSISTments 基金会，以扩大 ASSISTments 智能导学平台的规模；在美国教育部主持的一项关于"什么在教育中有效"（What Works in Education）的研究中，基于该平台的教学方案获得了最高分[①]。ASSISTments 基金会在伍斯特理工学院成立，与赫弗南夫妇领导的伍斯特理工学院 ASSISTments 研究和创新项目合作。截至 2019 年，作为教授和计算机科学家，赫弗南夫妇已获得了超过 5000 万美元的联邦和慈善资金，用于支持该平台在教育研究方面的投入，并产生了一定的影响[②]。ASSISTments 致力于提供免费和开放的教育资源，并与美国范围内使用的越来越多的课程相兼容。

三、案例实施与推进

（一）实施背景

20 世纪 50—70 年代，随着计算机技术的发展及其在教育领域的应用，计算机

[①] U.S. Department of Education Awards Worcester Polytechnic Institute $8 Million to Scale and Expand ASSISTments, an Online Learning Tool Proven Effective at Improving Middle School Math Scores[EB/OL]. (2019-10-21)[2023-03-20]. https://www.wpi.edu/news/us-department-education-awards-worcester-polytechnic-institute-8-million-scale-and-expand.

[②] ASSISTments, a WPI-Created Math Learning Tool, is Helping Thousands of Teachers Transition to Distance Learning[EB/OL]. (2020-09-10)[2023-03-20]. https://www.wpi.edu/news/assistments-wpi-created-math-learning-tool-helping-thousands-teachers-transition-distance.

辅助教学、基于计算机的培训、计算机辅助学习等教学形式逐渐出现。这类教学系统的设计者深受行为主义学习理论的影响，一般采用程序模式进行设计。这类教学系统开始在程序设计中考虑不同学习者的学习进度差异，并为其提供不同的学习分支，已经具备了智能教学的雏形。

　　20 世纪 70—90 年代，随着人工智能技术，尤其是专家系统被引入教育领域，一批真正意义上的智能教学系统开始出现，其理论基础也由行为主义学习理论转变为认知学习理论。这一时期典型的代表性系统有如下几种：卡博内尔（Carbonell）于 1970 年开发的用于教授南美洲地理课程的 SCHOLAR 系统；科林斯（Collins）等于 1975 年在 SCHOLAR 系统的基础上研制的用于教授学生探索降雨根源的 WHY 系统；1977 年，斯坦福大学的威斯考特 Wescourt 等设计的用于辅助 Basic 语言教学的 BIP（BASIC Instructional Program）系统；1977 年，戈登斯坦（Golstein）开发的用于训练逻辑学、概率、判断理论和几何学的 WUMPUS 游戏系统[①]。

　　20 世纪 90 年代之后，随着计算机网络技术、多媒体技术、人工智能技术的发展及其在教育领域中的运用，智能教学系统的研究开始转向支持个别化学习与协作学习。除了认知学习理论外，建构主义学习理论在这一时期也开始受到专家的重视，并被引入智能教学系统中。这一时期出现的代表性智能系统主要有南加利福尼亚大学开发的 RIDES（Rapid ITS Development Environment System）、斯坦福大学的 MMAP（Middle School Mathematics Through Applications Projects）系统等。

　　基于上述智能导学系统的发展，ASSISTments 智能导学平台于 2003 年应运而生，由赫弗南夫妇共同开发。该平台设计之初主要关注数学教育方面，并且强调学习的过程性以及即时反馈。该平台一方面根据学生的需求，为学生提供个性化的指导；另一方面根据对学生的诊断报告，为教师提供有关学生的学习情况。通过 ASSISTments 智能导学平台，学生和教师获得了"双赢"的效果。在 ASSISTments 智能导学平台上，教师和学生无须在固定时间、固定场所进行交互，学生可以随时随地获得有意义的指导，教师也可以随时随地跟踪学生的学习，并及时采取行动和提供支持。

---

① 许高攀，曾文华，黄翠兰. 智能教学系统研究综述[J]. 计算机应用研究，2009，26（11）：4019-4022，4030.

（二）实施方案

赫弗南夫妇在担任中学数学教师期间发现，教师需要了解学生知道和不知道的内容，即了解他们的先决条件知识。跟踪学生对技能的掌握情况一般是在纸上，即通过纸质测试完成的，但这对教师来说是一项繁重的任务，会占用他们教学或准备教学的时间，所以教师每天都会面临这类问题——如何收集有关学生已经理解的知识点，并跟踪他们掌握的技能的发展。基于这个问题，他们着手开发一个智能导学平台，即 ASSISTments 智能导学平台，该平台由伍斯特理工学院支持，允许教师创建单独的辅助服务（由带有答案和相关提示的问题、解决方案、基于网络的视频等组成）或使用预先构建的辅助工具，将上述服务与工具捆绑在一个问题集中，并将其分配给学生。该平台在学生学习时向他们提供即时反馈，并为布置不同作业的教师提供学习反馈数据。虽然最初专注于数学，但该平台现在已拥有许多其他学科的内容，如科学、英语、统计学。该平台主要从以下四个环节提供智能导学服务支持。

1. 开放性的应用环境

ASSISTments 是一个开放的智能导学平台。从用户的角度来看，该平台可以供教师、学生、研究者等不同用户使用。其中，教师作为资源的创建者，可以直接或间接地使用平台上的已有资源，还可以创建全新的、符合教学目标和教学进度的资源；同时，教师作为数据的监控者，可以及时获得学生的诊断报告，从而掌握学生的学习情况。学生作为资源的使用者，可以在自主学习的过程中获得个别化指导（包括提示和反馈），从而提高学习效率，提升学习效果；同时，学生作为数据的持有者，不仅可以了解自己对知识点的理解程度，而且可以了解自己对知识的整体掌握情况。研究者作为资源和数据的利用者，通过监控、追踪与挖掘平台上的数据进行科学研究，发现有助于促进教育教学的方法，从而改进教育教学。

2. 适应性的学习支架

ASSISTments 智能导学平台更加强调对学习过程的指导，侧重在学生解决问题的过程中提供关于解题步骤的提示和解题结果的反馈，而提示和反馈就属于学习支架的两种表现形式。布鲁纳（Bruner）认为，学习支架是教师与学生之间的对话，教师通过提示和反馈等呈现方式引导学生解决问题，促进学生对问题进行积极思考和深入探索，帮助学生主动参与到学习活动中①。ASSISTments智能导学平台就采用了学习支架策略，从而为学生提供个性化的学习指导。

ASSISTments智能导学平台的学习支架具有以下亮点：①适应性提示。为了防止一味地给予学生提示而导致"高原效应""学习效益递减规则"的发生，该平台采用适应性提示，首先划分解题思路，其次嵌入提示，最后学生根据自身的情况选择相应的提示信息。②完整性记录。该平台一方面通过绿色进度条提示学生关于某道题的答题情况和使用提示的情况，另一方面通过左侧答案结果记录学生整体的学习情况。③即时性反馈。当学生解答完问题之后，该平台会对答案给予即时反馈，以保证学生及时地了解、掌握自己的学习动态，从而对自己的学习情况进行即时调控。

3. 多样化的即时反馈

当学生完成学习任务后，ASSISTments智能导学平台会为教师提供即时的诊断报告。诊断报告一般包括学生的整体情况和个体情况两部分：整体情况主要包括总体的平均成绩、每道题的平均成绩；个体情况主要包括每一位学生个体的平均成绩、个体答题的正误、答案和用时。该平台的诊断功能主要分为两种。当用于作业时，一是用于自我检查，这时诊断报告内容比较详细，除了包括一般的结果（如当前所完成的作业成绩等）外，还包括学生使用提示和反馈的情况，而学生根据获得的提示和反馈进行自我检查的过程就是主动获取作业信息的过程，这一过程能够促进学生积极参与并主动学习；二是用于提交开放性作业，学生通过该平台向教师提交开放性作业，教师通过诊断报告对学生的开放性作业进行评价。当用于测试时，一是用于课后即时的掌握性测试，二是用于单元学习后的综合性测试。

4. 自动化的再评补救

当学习者完成课程学习后，ASSISTments智能导学平台会根据多样化的诊断报告进行数据分析，对学习者开展再评和补救，再评具体分为7天、14天、28天、56天四个补测阶段，例如，7天后进行测试，任选一道题重新进行测试，若学习者答对，则进入14天补测阶段；若学习者答错，则进行补救学习，并在7天后进行再测。14天、28天、56天补测阶段以此类推。再评与补救无须人工干预，该平台

---

① Bruner J. The Culture of Education[M]. Cambridge: Harvard University Press, 1996: 224.

能够自动安排学习者的补救时间表，督促学习者查漏补缺，强化对知识内容的学习，最终实现"吃透"课程的目的。

（三）实施效果

ASSISTments 智能导学平台是为数不多的，能够提高数学成绩并能提供严格证据的教育技术工具之一。该平台被美国 Evidence for ESSA（Every Student Succeeds Act）评估机构评为 1 级（说明该平台对学生成绩的影响力很强）[①]，并在美国教育部科学研究所的"What Works Clearinghouse"项目中被列为少数被证明在数学方面有效的干预措施之一。

由美国教育部资助并由斯坦福国际研究所进行的一项独立研究发现，在一年的观察时间内，使用该平台进行辅助学习的学生的学习内容量，几乎是不使用该平台的学生的学习内容量的两倍。44 所参与学校被分为两组：其中一组使用该平台辅助开展家庭作业、课堂作业和技能练习等教学活动；另一组继续使用现有方法。该研究得出了三个结论：与通常一年内的学习内容量相比，使用该平台进行辅助学习的学生的课堂学习内容量增加了 75%（$g=0.22$）；使用该平台后，成绩低于前一年测试中位数的学生在一年内学习了相当于两年的数学的学习内容量（$g=0.29$）；使用该平台进行辅助教学与一学年 3—5 天的专业发展活动相结合，能够有效地改善教师的教学活动，使得教师更有效地将课堂时间用于帮助学生发现问题、解决困难[②]。

一项新近研究揭示了 ASSISTments 智能导学平台在弥补学习差距和促进长期学习进步方面的能力[③]。在上述的随机对照实验（randomized controlled trial，RCT）结果的基础上，WestEd 于 2023 年开展的随机对照实验进一步验证了该平台对数学成绩的卓越影响。这项研究不仅验证了之前的研究成果，而且揭示了该平台能够

---

① Evidence for ESSA—ASSISTments[EB/OL]. [2023-03-20]. https://www.evidenceforessa.org/program/assistments/.

② Murphy R, Roschelle J, Feng M, et al. Investigating efficacy, moderators and mediators for an online mathematics homework intervention[J]. Journal of Research on Educational Effectiveness, 2020, 13(2): 235-270.

③ Feng M, Huang C, Collins K. Technology-based support shows promising longterm impact on math learning: Initial results from a randomized controlled trial in middle schools[R]. WestEd, 2023.

带来长期的学习收益，缩小成绩差距，还发现了该平台在提高被边缘化的学生能力方面的作用。具体来说，主要包括以下三个方面的收益。

1. 长期的学习收益

干预学校的学生在七年级使用了 ASSISTments 智能导学平台，但没有在八年级使用，在八年级结束时的州测试中，他们的数学成绩有了显著提高。这表明，即使在使用一年后没有继续使用该平台，这仍会对学生的数学成绩产生持续影响。

2. 缩小成绩差距

ASSISTments 智能导学平台在缩小不同学生亚群之间的成绩差距方面发挥了至关重要的作用，而且对有色人种学生和西班牙裔学生数学成绩的影响较大，这表明该平台具有促进学习效果公平的潜力。

3. 对高度贫困学校的影响最大

对于使用该平台的学校，例如，在经济困难学生和有色人种学生比例较高的学校，ASSISTments 智能导学平台对他们数学学习产生了重要影响。这一研究结果凸显了该平台能够为资源有限的学校的学生和教师提供宝贵支持的潜力。

四、案例特点与创新

ASSISTments 智能导学平台有着多方面的创新与优势，主要包括以下几点。

第一，以学习的过程性为中心的平台。ASSISTments 智能导学平台更注重对学习过程的指导，会为学习者提供关于解题步骤的提示和解题结果的反馈。学习的过程也就是教师和学习者交流对话的过程，教师通过提示和反馈情况的智能引导，启发学生解决问题的思路，并通过创设情景，激发学生参与学习活动的积极性，使其深入探究以解决问题，进而提升学习效果，由此达到为学习者提供个性化学习指导的目的。

第二，以学习的即时多样化反馈为根本。ASSISTments 智能导学平台的目标是为学习者的学习过程提供即时的、多样化的反馈报告，学习者可根据提示与反馈进行检查，通过快捷的智能链接，重新体验获取知识的过程，从而提升学生对完善尚未完全掌握的知识点的主动性。对于开放性作业，教师通过诊断记录来分析学习者对知识的掌握能力，并对学习者的作业质量进行评判。

第三，以多种课程、学习管理系统为支撑的平台。ASSISTments 智能导学平台所涵盖的学科已由单一的数学学科发展到多种类型的学科，包括科学、技术和工程类（如物理、化学、统计）、英语语言艺术类（如阅读理解、语法）以及社会科学类（如地理、历史），涉及的学段也由小学、初中、高中扩展至大学。该平台还可以嵌入任何学习管理系统中，如 Coursera、edX、Moodle、NovoEd、Blackboard、Canvas 等，因此，用户无须重复使用多个学习管理系统，仅需在自己当前使用的管理系统中添加该平台即可。

五、案例经验与启示

智能导学平台的研究和开发是一项复杂的工程，需要计算机专家、教育专家、心理专家和一线教师等各方的共同努力，才能保证平台的有效运行。我国智能导学平台的研究者和开发者主要是高校，也有部分公司，且各单位在研究和开发的过程中缺少合作。因此，我国应加强智能导学平台研发团队的建设，并强调各单位之间的合作，以研发出既先进又具有本土特色的智能导学平台。

我国在研发智能导学平台时，应从多个方面扩展多元化的应用环境，具体应当注意以下几点：智能导学平台不仅是教师和学生的使用平台，而且是众多研究者的研究平台，应使研究者可以借助该平台进行教育实验，从而改进教育；智能导学平台的关注点不应是课程，而应是工具，应可提供多学科、多学段的学习资源；可以跨系统供用户使用，从而方便用户接入；具有多种形式，可以在电脑、智能手机等多种设备上使用，以便于用户随时随地学习。

我国在构建智能导学平台时，应借鉴 ASSISTments 智能导学平台的运行机制，建设内部和外部两条路径：内部路径是指学生对一个学习事件的学习过程，其功能是对学生的学习过程给予指导，或给出适应性提示，或进行即时反馈；外部路径是指学生对多个学习事件的再评和补救过程，其功能是对课程知识的复习与巩固，从而能够构建更加完善的以学习者为中心的智能导学平台。

<h1 style="text-align:center">第三节　美国iLearnNYC实验学校
混合学习质量评估准则</h1>

一、案例基本信息

案例名称：美国 iLearnNYC 实验学校混合学习质量评估准则

实施时间：2009—2013 年

主要实施者：国际 K-12 在线学习协会

实施对象：纽约市的 8 所实验学校

相关网址：https://aurora-institute.org/wp-content/uploads/a-roadmap-for-implementation.pdf

iLearnNYC 混合学习项目从纽约市教育部门 2009 年成立的"教育改革创新区"中选取 8 所学校作为实验学校，制定学校层面实施混合学习的路线图，依托在线教育平台进行个性化教学，提出评价实验学校实施混合学习的质量评估准则，开展基于智能技术的学习质量评价，打造实施在线教育、混合式教学的典型示范案例。

二、案例概述

智能技术的创新应用使教育领域变革迎来新的契机，纽约市教育部门于 2009

年成立"教育改革创新区",开展 iLearnNYC 混合学习项目实践研究。美国在混合学习评价与实践研究领域处于领先地位,国际 K-12 在线学习协会通过与纽约市 8 所实验学校合作开展 iLearnNYC 混合学习项目,提出了包括领导力、专业发展、教学、运营、内容、技术等在内 6 个实施混合学习的关键要素。其中领导力强调关注资金流向、目标制定、正确评估、提高质量等问题;专业发展强调关注学校领导、师生专业发展以及专业能力评估等问题;教学强调关注教学方式、教学理念、学习方式、教学质量评估等问题;运营强调关注混合学习的安排与计划、学习支持等问题;内容强调关注教学内容选择与创建、教学内容质量评估等方面的问题;技术强调关注软硬件设备、网络基础设施等问题。

iLearnNYC 混合学习项目提出的评估准则重视教育评价主体地位,同时为有效地评价与推动混合学习发展,iLearnNYC 项目依托学习分析、自适应评估、在线教育平台等智能技术,制定了实验学校混合学习质量的 6 个评估标准,并按照 4 个等级来评估相关内容。同时,为确保混合学习及质量评估计划的顺利实施,纽约市能源部为每所实验学校及其团队配备了熟练掌握在线学习、混合学习知识的项目实施经理,为指定的学校提供技术服务、资源支持和项目发展规划。

三、案例实施与推进

(一)实施背景

随着信息技术的快速发展和普及,学生的学习方式和学习需求发生了变化,数字化教育逐渐成为教育转型的重要趋势。在此背景下,美国 K-12 基础教育阶段将混合学习作为变革教学方式的重要手段,推出了 iLearnNYC 混合学习项目,以解决师资匮乏、设备短缺、课程难覆盖等问题,利用技术手段促进混合学习的实践和发展,在实施混合学习方面积累了丰富经验,通过对各项指标的评估,产生了丰富的理论成果[①]。纽约市教育局于 2009 年率先成立"教育改革创新区",同时联合国

---

① 赵慧臣,贺雪. 美国中学实施混合学习的特点与启示——基于《在学校层面实施混合学习的路线图》的分析[J]. 中国教育信息化,2022,28(1):89-99.

际 K-12 在线学习协会在该创新区的 8 所实验学校实施混合学习，制定《在学校层面实施混合学习的路线图》（A Roadmap for Implementation of Blended Learning at the School Level），在指导实验学校开展混合学习的同时为其他地区学校提供借鉴。此外，国际 K-12 在线学习协会通过观察研究提出了实施混合学习的 6 个关键要素，设计了实验学校开展混合学习的质量评估标准，总结了实验学校中有前景的实践经验，分享了可用于更好实施混合学习的评估准则资源，有效地推动了混合学习的发展，促进了教育改革与创新。

（二）实施方案

《在学校层面实施混合学习的路线图》中概述了 iLearnNYC 项目中 8 所实验学校实施混合学习的经验，明确提出了领导力、专业发展、教学、运营、内容和技术等 6 个关键要素在混合学习实施过程当中的重要作用。

1. 领导力

混合学习的成功实施需要地方政府及社会、学校等各部门提供系统性和保障性支持。作为其他组成要素发展的关键，领导力要求加强宏观规划，制定混合学习目标，确定实施计划的程序和步骤，跟踪监测目标计划的进展情况。iLearnNYC 混合学习项目中的每个实验学校都配有行政支持，以便校长或校长助理可直接参与监督混合学习的实施情况，管理人员可在正式会议、非正式对话以及课堂巡视或观察期间就实施混合学习的具体情况提出改进意见。此外，主管教师与项目实施经理保持持续沟通，项目实施经理需向混合学习教师提供经验支持、资源应用方案和专业发展引导等。

2. 专业发展

专业发展是实现混合学习预定目标的关键动力。实施混合式教学应制定基于既定目标的，有协调性、有目的性和系统性的符合教育主体需求的职业发展计划与专业发展计划，包括正式、非正式的计划以及初步的、持续的计划。此外，在界定好混合学习的概念、设定好目标并选择好混合学习模式后，项目实施经理还应为学校领导和参与教师制定专业发展计划。

3. 教学

教学方法和课堂教师的实践是成功实施混合学习的重要支撑。教师需要理解混合学习中教学发生的变化，有效地将传统的课堂教学转变为混合教学模式，选择有效的混合教学模型，促使学生开展高效的混合学习，科学规划学生线上和线下学习时间，利用数字教学资源和数字技术工具改进教学。此外，混合学习背景下，教师的教学方法也应发生改变，如学生分组、互动方式以及个性化学习定制方式。

4. 运营

混合学习的成功实施需要使用数字化学习管理系统，如学习管理系统、内容管理系统、学生信息系统等，从而为教师、管理人员、学生家长提供实时管理数据、交流协作工具及学生课程进度情况，根据学生表现调整教学内容和管理方式。此外，混合教学要求教育管理者审查、修订已有的教学政策甚至制定新的教育政策，这些政策包括但不限于学生完成必修课程的时间长度、课程安排的可用性、教学证书、支持混合型教师和在线教师的专业发展、教学所需技术习得等，以促进教学创新，提高教师能力，增加混合学习成功实施的可能性。

5. 内容

混合学习中数字化教学内容的选择与创建对于成功实施在线学习、混合学习至关重要。教师可选择使用在线平台提供的教学资源或自己创建的教学内容，利用视频会议或其他在线工具建立虚拟课堂，鼓励学生进行实践和项目学习，促进学生的个性化发展。

6. 技术

技术的支撑是成功实施混合学习的基础。iLearnNYC 混合学习项目运用学习管理系统、虚拟教室、数据分析、人工智能和自然语言处理等智能技术，可有效提高学生的学习效果，促进教师和学生之间的互动与交流，为学校的决策提供数据支持，创建更加便捷、高效和个性化的学习环境，提高学习者在数字环境中的学习积极性。

iLearnNYC 混合学习项目设计了领导力、教师角色、学生角色、个性化学习计划和进度、新一代课程与评估，以及灵活且真实的学习环境等 6 个方面的评估指标，按照"落后""发展中""成熟""发达"4个等级来评估相关内容，以衡量混合学习在实验学校的实施质量，同时可供其他地区的学校参考，具体内容如下。

第一，针对领导力方面的评估，iLearnNYC项目提出其评估指标包括目标规划、进度监管、专业发展、技术支持等方面的内容。其具体评估指标包括：已经制定了可衡量的混合式学习目标，并与全体员工进行了沟通；教师和管理人员之间有持续的正式或非正式交流，以了解实现目标的进展情况；与混合学习相关的持续专业发展是显而易见的；实验学校作为示范学校，为同类型其他中学提供实施经验支持、资源应用方案等指导与帮助。

第二，教师角色方面的评估，注重教师角色的转变，强调教师在混合学习的教学中能否充分发挥引导者的作用，能否向学生提供差异性的个性化反馈与评价。其具体评估指标包括：在混合学习课堂中，教师是引导者；教师有多种授课途径；教师为学生建立多种沟通渠道；教师为学生提供个性化的反馈。

第三，学生角色方面的评估，强调关注学生对混合学习的参与程度和数字素养的提升，学生的学习角色应转变为知识的主动获取者。其具体评估指标包括：学生是自己学习的积极参与者；学生有能力发现答案，并且知道在哪里可以找到所需信息；学生可以使用电子邮件、短信、演示文稿、在线论坛、电话等多种沟通方式。

第四，个性化学习计划和进度，强调学生的学习需要根据个人时间和学习状况进行定制。其具体评估指标包括：学生个性化（学生和教师持续协作，以确定最佳学习模式）；学生可以按个人学习节奏学习。

第五，新一代课程与评估，强调关注新技术在辅助教学方面的应用。其具体评估指标包括：利用网络学习环境和平台；使用供应商或教师开发的在线课程；可以通过数据跟踪系统追踪学生的能力/精通程度；运用数据评估系统的实时报告提供指导；跨校合作（在线学习资源、技术工具、在线授课教师的共享）。

第六，灵活且真实的学习环境方面的评估，强调关注混合学习下灵活且真实的学习环境，强调线上为学生提供丰富的在线课程资源，线下打破传统授课模式，充分满足学生混合学习的需求。其具体评估指标包括：教室房间设计与空间利用；采用灵活可变的设计；多校之间共享在线教师。

（三）实施效果

iLearnNYC 项目的实施使得 8 所实验学校在混合学习中取得了良好效果。例如，福德汉姆艺术高中允许学生在自己感兴趣的领域按自己的节奏工作，帮助学生实现个人目标，积极建设数字教学资源，在教学的各个核心领域中全面实施混合学习课程，助力学生在未来学习或职业生涯中取得成功。法兰西斯路易斯高中在 9—12 年级实施混合学习，发展教师专业能力，提高教师开发在线组件与使用混合学习技术的熟练程度和能力，积极开展教学评测，收集评测结果，改善教学内容，提高在线课程比例。奥林巴斯学院 75%的教师将每周在线课程作业数量提高到 6 项，同时制定作业评估准则，检查作业质量是否合格；此外，奥林巴斯学院注重培养教师的专业能力，建立质量跟踪监测系统以衡量混合学习教师专业发展[①]。

iLearnNYC 混合学习项目在实施过程中对上述 6 个关键要素进行了全面评估和监测，并针对学生、教师、家长等不同群体进行了问卷调查。调查结果表明，参与该项目的学生的平均成绩优于未参与该项目的学生，参与该项目的学生的学习态度与学习习惯表现优于未参与该项目的学生，参与该项目的教师的整体教学效果优于未参与该项目的教师。实验学校利用社区资源积极开展学习活动，邀请社区专业人士参与学习活动等，成功促进了学校与社区的紧密合作；通过向家长提供学生的学习数据和分析报告，成功提高了家长对学生的关注程度。此外，通过数字化学习资源的开发、分享与运用，iLearnNYC 混合学习项目成功降低了学生的学习成本。

四、案例特点与创新

iLearnNYC 实验学校混合学习质量评估准则具有以下特点与创新之处。

[①] A Roadmap for Implementation of Blended Learning at the School Level[EB/OL]. (2013-10-05)[2023-02-20]. https://aurora-institute.org/wp-content/uploads/a-roadmap-for-implementation.pdf.

第一，领导层确定实施目标，制定评估标准。iLearnNYC 项目路线图和质量评估准则中均强调了"领导力"的作用，对于混合学习项目的实施，首先应从领导层面制定实施目标，明确各层级、各部门的职责，其次应制定混合学习项目评估标准，支持、反馈、调控混合学习项目的实施。例如，iLearnNYC 项目中赛斯洛中学在校领导层的领导下成功开展了混合学习项目，通过对混合学习的规划完成了教学方式的转变、教学资源的建设以及教学评估的改革。

第二，建立多维度评估体系，明确评估标准。iLearnNYC 项目从领导力、教师角色、学生角色、个性化学习计划和进度、新一代课程与评估，以及灵活且真实的学习环境 6 个维度提出了具体的评估准则，并按照"落后""发展中""成熟""发达" 4 个等级对具体项目进行评价。例如，其中针对学生个人学习计划的评估，强调教师要通过学生完成学习计划的速度和质量评价学生的自主学习能力。在建立评估体系时，相关人员要注重评估要素之间的关联性，以强化学生的个性化学习，满足学生的学习需要。

第三，建立多方合作，共同实施混合学习及其评估工作。良好的评价准则和有效的评价结果与多维度、多层次、多元化的评价合作息息相关。iLearnNYC 项目评估准则强调学校与学校、教师与学生、教学与资源之间的合作，涵盖领导、教师、学生、资源环境多个方面，通过因地制宜、共建互助的评价方式，有效解决了混合学习在实施过程中存在的问题。

iLearnNYC 混合学习项目注重将智能技术与教育评价相结合，向学生提供个性化学习、线上线下学习、数字技术支持的学习评估等服务，可有效提高评价效力及学习效率。iLearnNYC 项目根据每个学生的学习能力、兴趣和学习进度，为学生提供个性化的学习计划和资源，以提高学生的学习效果；将线上和线下学习方式相结合，通过网络平台和教师指导，可以为学生提供更加灵活和多样化的学习体验，同时也可以为学生提供更多的学习资源和交流机会；采用数字技术支持学习评估，通过在线平台收集学生的学习数据，以更加客观、准确地评估学生的学习成果，同时也能为教师提供更加全面的关于学生学习的情况。此外，iLearnNYC 项目还能为学生提供在线辅导、教师指导、学术支持等学习支持服务，以帮助学生更好地完成学业。

五、案例经验与启示

参考 iLearnNYC 项目的混合学习质量评估准则及混合学习实施要素，我国基础教育在实施、评估、监测混合学习或在线学习时，可从领导、教师、学生、资源与环境四个层面加以落实和强化。

学校领导层面，要统筹规划混合学习的实施、评估、反馈与改进工作，应明确整体目标，细化各部门、各层级人员管理责任，在混合学习实施过程中加强指导、监督，制定评估细则；采取多样化的评估标准对教师工作进行评价反馈，组织教师开展教学研讨会，培养教师专业能力，确定评估准则，加强对混合学习的评估与监管，提高混合学习教学质量。

教师层面，要不断发展自身专业能力，提升自身信息素养，强化教学资源设计与开发能力。教师应积极变更教学观念，革新教学方式，深入了解混合学习，采取多种授课途径，定期通过线上与线下相结合的方式教授课程，多与学生进行谈话交流，了解学生学习状态，为学生制定个性化的学习计划。

学生层面，要积极参与制定个性化的学习计划，主动寻求老师或导师的建议与帮助，结合自己的兴趣和能力，制定符合自身发展特点的学习计划；在学习过程中，积极拥抱混合学习模式，充分利用数字化平台工具，拓宽学习渠道，提高学习效率；定期自我检查学习进度，确保按计划有序进行；积极参与信息素养培训，掌握数字化学习的基本技能，提升数字素养；配合学校的大规模测试评估，通过多维度、多方式的评价标准，全面检验自己的学习成果，以便更好地了解自己的优势和不足，促进自身全方位、个性化发展。

资源与环境层面，要营建数字环境，重视数字平台、在线系统、数据资源等在混合学习实施及评估方面所起的重要作用。全面建设数字化基础设施、发展智能技术是支撑混合学习开展和评估工作的关键。智能技术的飞速发展影响着学校教育的管理、教学、评价等各个方面，尤其在教育评价方面，应充分利用数字技术的优势提供更加精准的教育服务，并针对性地提出专业化的指导建议。

第四节 澳大利亚EI评价

一、案例基本信息

案例名称：澳大利亚 EI 评价

实施时间：2018 年至今

主要实施者：澳大利亚研究委员会

实施对象：澳大利亚部分大学

相关网址：https://www.arc.gov.au/ei-key-documents

2018 年，澳大利亚卓越科研（Excellence in Research for Australia，ERA）评估项目中明确引入了社会互动与影响力（Engagement and Impact，EI）评价，旨在通过评估参与度和影响力，鼓励大学和企业开展深度合作，同时也为更好地开展卓越科研评估项目收集评估数据。

二、案例概述

澳大利亚 EI 评价是在借鉴英国科研评价经验的基础上，依托信息技术管理平台，结合本国实际情况而定制的兼具国际视野和本土特色的评价体系，考察大学如何将其研究成果转化为经济、环境、社会、文化及其他领域的效益。EI 评价既借鉴了作为结果的影响力评价，又兼顾了作为过程的社会互动性评价。其中，社会互动被界定为科研人员与学术界之外的科研成果使用主体之间的互动，是实现知识、技术、方法与资源相互转换的机制；影响力则被界定为科研成果对经济、文化、政治、公民素养等所产生的超出学术本身的社会贡献。澳大利亚研究委员会（Australian Research Council）作为科研评价的第三方机构，主要负责 ERA 评估与 EI 评价，其宗旨是通过评估科研的质量、贡献、影响力，为科研事项提供建议，推动科研创新发展。澳大利亚研究委员会根据用户在信息技术管理平台上提交的考察数据，运用该平台提供的信息交互技术，对其进行自然语言、数据挖掘等处理与分析，以此进行评估。EI 评价中，评价的基础单元是学科，学科分类以澳大利亚统计局（Australian Bureau of Statistics）和新西兰统计局（Statistics New Zealand）联合发布的《澳大利亚及新西兰研究分类标准 2008》（Australian and New Zealand Standard Research Classification 2008）为基本依据。参与 EI 评价的高校可选择某个对应的评估单元，通过线上信息技术管理平台提交相关数据以参与评估。此外，澳大利亚研究委员会还成立了技术工作组以协助开展 EI 评价，指导其开发合理的评价机制，提出最终科研成果对应的不同学科所应遵循的评估要求，制定恰当的 EI 评价指标。

三、案例实施与推进

（一）实施背景

随着智能技术的飞速发展，科研评价作为科研管理的必要环节和支撑工具，其评价模式必须随着知识生产模式的转变而变革。澳大利亚政府依托智能技术，致力于探索更为科学的评价手段和更为合理的科研指标体系。澳大利亚于 1995 年实施的综合指数评级因过于注重科研数量指标，导致大学科研成果引用率显著下降[1]，进而提出科研质量框架评估。2008 年，澳大利亚在科研质量框架评估的基础上提出卓越科研评估，强调注重学科差异与科研成果质量的各维度评价，从而形成了较为成熟的评价方法与运行机制。

澳大利亚科研成果质量框架评估在实施卓越科研评估后得到提升，但在 2015

---

[1] Butler L. Explaining Australias increased share of ISI publications—The effects of a funding formula based on publication counts[J]. Research Policy, 2003(32): 143-155.

年，该国教育部发布的《科研政策与资助审查报告》（Review of Research Policy and Funding Arrangements）指出，澳大利亚科学研究在将公共资助转换成商业利益方面表现欠佳。在此政策的导向下，澳大利亚政府于 2015 年宣布在大学科研评价之中增加 EI 评价，将其作为国家创新和科学议程的一部分，检验大学是如何将科研成果转换为经济、环境、社会、文化及其他领域的效益的。2016 年，澳大利亚宣布成立包括高等教育、科研机构及企业负责人在内的科研社会互动与影响力评价指导委员会，旨在向澳大利亚政府和公众阐明国家及社会对大学的科研投资是如何转换为学术界以外的实际利益的，增强研究机构的研发流程透明性与公正性，促进基础设施建设，为扩大研究成果在学术界外的影响力提供支持，进一步明确当前机构将研究成果转化为社会影响力的方式。2018 年，澳大利亚在开启 ERA 评估时，首次将 EI 评价作为并行的配套评估机制，以对大学科研活动及其贡献进行评价。

（二）实施方案

EI 评价将评价中所涉及的学科用两位数的学科代码进行标识，各大学根据学科代码提交参评材料，最终平台将数据汇聚到相应的学科评估单元。学科领域相近的评估单元归为一个评估小组，评估小组专家由相应的专业学术研究人员和经验丰富的科研成果使用者组成。对于跨学科和多学科提交的情况，不同评估小组的专家利用专业知识进行交叉评估。评估小组设计量化指标和定性陈述指标，以评定大学科研的社会互动情况。评估小组通过提交案例评定参评项目的影响力，包括研究影响和研究路径两个方面的评级[①]。

EI 评价根据学科性质，将相近的学科进行整合，形成 5 个评估小组，包括科学与技术组、生命科学与健康组、社会科学组、创意艺术与人文科学组、土著居民及托雷斯海峡岛民研究组。其中除土著居民及托雷斯海峡岛民研究组以外，其他评估小组的所有评估单元都采用同一套评估方法与评估标准。评估分组在最大程度上保障了不同学科间评价标准的适用性。但 EI 评价并非向所有大学开放，EI 评价

---

① Engagement and Impact Assessment 2018-19[EB/OL]. (2019-03-15)[2023-02-20]. https://dataportal. arc.gov.au/EI/NationalReport/2018/.

设有最低阈值，只有达到最低标准才有资格参与评价。澳大利亚研究委员会根据 ERA 评估中大学科研产量等相关数据进行统计分析，最终确定最低阈值为 150，即参评大学在参评期间内发表的相关科研成果积分总和达到 150 分才可以参加 EI 评价[①]。

EI 评价要求大学所提交的每个评估单项必须包括科研社会互动、研究影响及影响路径三方面的材料。这些材料既包括陈述性的定性材料，又包括以指标形式呈现的量化数据。评价方法主要采用"模板法+计量法"，将定性方法与定量方法相结合，以保证大学科研评估的科学化与合理化。

1. 科研社会互动评价

参评单位应在评估期间递交关于社会互动陈述、社会互动定量指标数据以及社会互动指标的解释性说明材料。社会互动陈述内容包括战略利益相关者之间的合作、公众的参与、为外部利益相关者提供的专业资源和服务、是否提供专业培训或培训生计划。陈述材料要求大学撰写其与政府、产业、公民等科研成果使用主体的社会互动案例。例如，2018—2019 年的 EI 评价（Engagement and Impact Assessment 2018-19）报告显示，大学所提供的其他常见指标包括奖项、图书销售、专利、媒体文章及替代指标（如网站访问量、社交媒体帖子）等[②]。社会互动定量指标数据包括科研成果使用主体的经费支持、每年的高等教育科研收入总额、高等教育科研拨款的比例、科研商业化收入及其他定量指标数据。由于澳大利亚科研评价系统的高度信息化与开放性，EI 评价与 ERA 评估两者的部分指标数据可实现共享。

2. 科研影响力评价

科研影响力评价中最核心的两部分是对于研究影响和影响路径的评价。如果大学所提交的材料不在模板范围之内，但该材料与科研影响力评价有关，可补充"计量式"材料或数据。对于研究影响的评价，大学首先应描述研究在经济、文化等方面所产生的社会贡献（即研究影响），其次应提供支持这种研究影响的具体证

---

① EI 2018 Framework[EB/OL]. [2023-02-20]. https://www.arc.gov.au/sites/default/files/2022-07/era_ei_ 2018_framework.pdf.

② Engagement and Impact Assessment 2018-19[EB/OL]. (2019-03-15)[2023-02-20]. https://dataportal. arc.gov.au/EI/NationalReport/2018/.

据。2018—2019 年的 EI 评价报告显示[①]：各大学提交了有关研究影响的丰富而翔实的信息，主要涉及与合作伙伴共同提供尖端技术、参与社区支援及安全、改善日常生活、发展社区与应对社会挑战五个主题方面的研究，直接对经济、社会、文化等方面产生了影响。对于影响路径的评价，首先，大学应提交具体材料说明提升研究影响的方法或机制，包括该机构、学院或部门所实施的相关战略。这些战略应能反映研究影响部分所报告的内容，并能解释其在影响力方面的作用。其次，大学应报告将科研成果转化为具体影响的方式。

3. EI 评价等级划分

EI 评价中的科研社会互动评价，主要考察科研人员和科研成果使用主体是否进行了互动并实现了知识、技术、方法与资源的互利转换，评价级别分为高、中、低三级。如果有证据表明参评单位很好地将社会互动内容融入研究开发与进展中，与学术界之外的科研成果使用主体之间进行了高效互动，实现了知识、技术、方法和资源的互利转换，则给予高评级；如果缺少或者根本没有有效互动，则给予低评级；介于两者之间的给予中评级。

EI 评价中的科研影响力评价包括两个方面：一是依据大学提供的研究影响及案例信息来判断研究是否产生了社会贡献及贡献度大小；二是依据大学提供的为实现研究影响所采取的策略、方法或路径等信息来研究产生影响力的主要机制和路径。研究影响与影响路径的评级也分为高、中、低三级。

（三）实施效果

2018—2019 年的 EI 评价报告显示，参与 EI 评价的高校共有 40 所，其中包含 626 个科研社会互动评价单元、637 个科研影响力评价单元，评价结果如表 1-2 所示。结果表明，85% 的科研社会互动评价单元的评级位于中等以上，说明澳大利亚大学与产业、政府和公民之间建立了广泛而多样的合作方式。研究影响、影响路径的评级位于中等以上的大学分别占 88%、76%，反映了大学科研已在经济、社会、

---

① Engagement and Impact Assessment 2018-19[EB/OL]. (2019-03-15)[2023-02-20]. https://dataportal. arc.gov.au/EI/NationalReport/2018/.

环境和文化方面产生了重要影响力，且科研成果的转化与应用机制仍有完善空间。在参评学科方面，高科研社会互动性与高科研影响力的学科主要集中于建筑环境与设计、法律及法律研究、农业与兽医科学、技术学、工程学。从三个维度的对比来看，对参评项目的影响路径方面的评价相对不高，低评级比例为 24%，高评级比例仅为 25%，这也说明大学科研成果向社会转化的过程中，相关机制和制度建设并不成熟[①]。

表 1-2　2018—2019 年的 EI 评价结果　　　　　　（单位：%）

评价指标	低评级比例	中评级比例	高评级比例
科研社会互动	15	51	34
研究影响	12	44	44
影响路径	24	51	25

四、案例特点与创新

首先，澳大利亚 EI 评价项目是智能技术赋能下一项创新的、基于数据的项目。该项目能正确认识知识生产规律、科研价值与社会环境之间的关系，并以此构建了动态、灵活的评价机制。EI 评价的顺利实施离不开前期的深入调研和试点评价工作。澳大利亚政府在决定引入 EI 评价后，开始了对其他国家的广泛调研和考察，例如，EI 评价中"模板+案例"的评估方式便是借鉴了英国的相关经验。此外，EI 评价预先选择部分大学作为试点进行模拟评估，及时修正部分预设评估方法的不妥之处，其评价机制的设计过程和应用限度的设定具有很强的参考价值。

其次，该项目重视知识生产模式转型与评价体系创新的交互影响，以强化科研的经济、社会及文化方面的影响力。澳大利亚之前的大学科研评价局限于科研内部，旨在提升国内大学的科研产出水平，并与财政经费拨款挂钩，导致大学更为关注科研产出的数量，而对科研的社会贡献度重视不足。引入 EI 评价后，大学科研

---

① Engagement and Impact Assessment 2018-19[EB/OL]. (2019-03-15)[2023-02-20]. https://dataportal.arc.gov.au/EI/NationalReport/2018/.

评价机制展现出更为多元和积极的影响，大学科研活动的现实影响力在经济、社会及文化领域迅速扩散，EI 评价结果为大学未来的教学与科研经费配置提供了参考依据，有助于大学科研成果的转化率持续上升，进而促进经济发展。

最后，该项目注重挖掘科研评价的激励导向作用，引导大学与政府、产业及公民之间良性互动。EI 评价成为 ERA 评估的配套项目，充分体现了澳大利亚科研评价对经济、政治及文化等社会贡献的重视，打破了传统学术发展与实际应用之间的隔阂，体现了学术内在价值与外在价值相结合的评价方针，有利于激励科研活动实现外部效益的最大化，带动科研价值链的整体提升。同时，EI 评价有助于科研工作者对实践需求进行精准把握，体现了知识生产模式转型下科学研究与社会之间的连接，有助于提高政府、产业和公民的参与度，实现大学与政府、产业及公民的良性互动。

五、案例经验与启示

澳大利亚政府在 ERA 评估的基础上设计并进行 EI 评价，在关注科研质量的同时，通过更加精细化、多维化和立体化的评价机制设计，引导和激励高校注重科研的社会互动与贡献。与英国的 REF（Research Excellence Framework）影响力评价相比，澳大利亚 EI 评价具有过程与结果并重、机制与影响兼顾的鲜明特征，超越了诊断和激励的传统评价功能，更为注重高校与社会互动的能力培育和机制建设。

澳大利亚 EI 评价为我国高校科研评价改革与"双一流"建设绩效评价提供了借鉴和启示。虽然我国早已注重科研成果的利用与转化，如支持建设企业大学、鼓励产学研合作，但是相关机制体制尚不完善，大学与政府、产业及社会的合作成效仍存在改进空间，科学研究与社会之间的隔阂在现有科研评价机制和相应管理体制中难以消除。我国的学科评价以及"双一流"建设绩效评价中，应更为明确地设置科研的社会互动与贡献度指标，从赋能和机制建设的高度出发，赋予相关指标更大的权重，从而引导高校在知识生产推动应用、知识应用反哺生产的良性循环中不断创新与发展，积极承担社会责任，充分展示大学、政府、产业及公民之间的互动机制。

第五节　美国SBAC评估系统

一、案例基本信息

案例名称：SBAC 评估系统

实施时间：2010 年至今

主要实施者：美国

实施对象：教师和学生

相关网址：https://smarterbalanced.org

本案例展示了美国智能平衡评估联盟（The Smarter Balanced Assessment Consortium，SBAC）等开发的在线评估系统——SBAC 评估系统。该评估系统拥有一整套符合标准的资源和工具，包括用于改进教学的教师工具、为支持全年级教学而设计的中期评估以及问责制的总结性评估。这些资源和工具可为教学提供信息，帮助教师支持和促进学生的学习与成长，包括发展他们基本的批判性思维和解决问题的能力，致力于最大限度地提高每个学生的学习效果。

二、案例概述

2010 年以来，美国智能平衡评估联盟与州教育机构、地区、学校和教育工作者合作，创建了一个高质量的综合评估系统，即 SBAC 评估系统，以确保教师拥有支持学生多样化学习需求的工具，从而加强教学实践和改善学生学习。SBAC 评估系统的宗旨是支持教学，并为教育工作者提供工具，以便快速和轻松地确定学生的学习需求，同时选择有针对性的资源来满足这些需求，并评估学生在学年结束时是否达到学习目标。

SBAC评估系统的无障碍功能可以满足学生的不同需求，帮助学生更好地展示他们在英语和数学方面的知识与技能。SBAC评估系统的核心原则之一是为学生提供便利，为他们提供易于使用的工具、课程和资源，有英语学习或其他特殊学习需求的学生都能够参与测试，以展示他们在英语、数学等方面的知识与技能。同时，该评估系统能够帮助教师开展形成性评估，提高学生的学习质量。该系统以计算机自适应技术为支撑，能够依据每个学生的特点及其具体的学习情况为他们提供个性化的学习路径，并且在整个评估过程中会根据学生的回答情况调整问题的难度。此外，该评估系统的测试方式更具透明度，任何感兴趣的人都可以查看测试的设计过程，了解测试项目的任务规范、指南以及相关资源。

三、案例实施与推进

（一）实施背景

2009年7月，美国总统奥巴马（Obama）和教育部部长阿恩·邓肯（Arne Duncan）宣布实施"力争上游"（Race to the Top）项目，联邦政府提供43.5亿美元以帮助各州发展教育①。各州积极参与该项目，并成立联盟参与项目招标，智能平衡评估联盟便是其中之一。自此，美国开始了新一轮的教育评价改革。

2010年6月，美国州长协会和州首席教育官理事会共同发布了《共同核心州立标准》（Common Core State Standards，CCSS），包括共同核心州立英语标准和数学标准。该标准规定了美国K-12（从幼儿园到12年级）教育阶段的学生在结束每一级的学习后应该掌握的英语和数学方面的知识与技能，帮助所有中学毕业生为升入两年制或四年制大学以及就业做好准备。为了保证"力争上游"项目的顺利开展，美国教育部在《共同核心州立标准》公布三个月之后，通过公开竞标的方式确

---

① 刘晶晶，郭元祥，Westbury I. 美国学生学业质量评估联盟PARCC与SBAC述评[J]. 中国考试，2015（6）：23-29.

定了评价体系的开发者，其中智能平衡评估联盟获得了 1.75 亿美元的教育资金，踏上了基于《共同核心州立标准》的 SBAC 评估系统研发之路①。

在 SBAC 评估系统开发前，美国传统教育评价标准受教育行政分权的影响，各州独立享有教育权，难以形成统一的评价标准，以至于各州之间的评价标准质量良莠不齐。各州设计评价内容时的题型较为单一，并且题目不严谨，缺乏科学性，对学生的评价浮于表面，只能判断学生是否达到了课程标准的最低要求，缺少对学生的逻辑思维、探究能力以及实践能力等高阶思维和能力的评价。这种评价机制不仅无法使学校清楚掌握学生真实的发展状况，甚至还会阻碍学生的专业发展。

（二）实施方案

1. SBAC 评估系统构成

在案例概述部分，我们已经提及 SBAC 评估系统包含三个主要组成部分，即旨在支持全年教学和学习的中期评估，一套支持基于课堂的形成性评估实践的教师工具，以及为问责目的而设计的总结性评估（图 1-4），下文将对这三个部分进行详细论述。

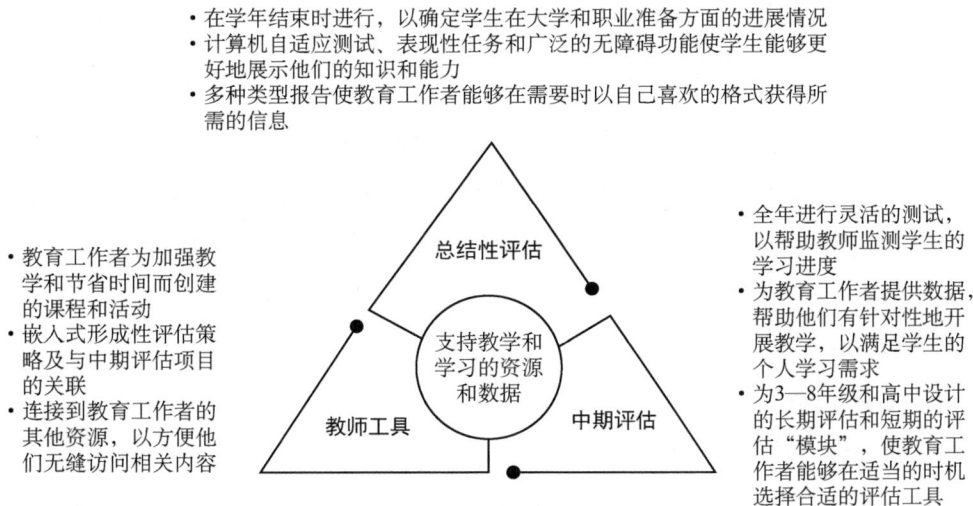

图 1-4　SBAC 评估系统构成图

① 陈海曼，顾秀林. 美国 SBAC 英语评价体系的特征和启示[J]. 现代基础教育研究，2016，24（4）：44-51.

教师工具旨在为教育工作者、学生和家庭提供与《共同核心州立标准》一致的评估、学生成绩数据、课堂教学支持和教师专业发展学习等。教师工具是一个易于使用的网站，提供由教育工作者创建的课程和活动，帮助教师节省课堂规划时间、支持教学过程。教师工具侧重于形成性评估过程，帮助教师确定学生的学习状况、学习方向以及实现学习目标的路径。

中期评估是全年随时可进行的可选测试，帮助教师监测学生的学习进展情况，为教育工作者提供有关学生知识和能力的可操作数据，帮助教师有针对性地进行教学，以满足学生的个性化学习需求。中期评估中的项目涵盖国家标准中描述的认知期望或知识深度，允许教育工作者查看测试问题和学生的回答，作为教育工作者教学过程的一部分，依据评价项目的数量和评价目标的不同，中期评估又可分为中期综合评价（Interim Comprehensive Assessments，ICA）、中期评价模块（Interim Assessment Blocks，IAB）和重点中期评价模块（Focused Interim Assessment Blocks，Focused IAB）三种类型。中期评估是面向学生和教师的，不向公众展示。

总结性评估在学年结束时进行，以确定学生在大学和职业准备方面的进展情况。该评估由计算机自适应测试、表现性任务以及广泛的无障碍功能组成。计算机自适应测试指根据学生的回答情况调整问题难度的在线评估，与传统的固定形式相比，能更准确地评估学生的知识和学术技能。测试过程中，如果学生回答正确，下一个问题会更难；如果学生回答错误，下一个问题会更容易。表现性任务主要考察学生的综合能力和批判性思维，具体实施过程为：教师给学生布置任务，学生根据任务题目进行探索，并将自己的探索成果以文字、图片或视频的形式上传至评价系统。无障碍功能包括10种语言的盲文、西班牙语翻译和词汇表，以及19种语言的翻译考试说明等内容。

2. 测试项目

若想快速试用测试项目（也称测试问题）并探索其功能，个体不需要完成一套完整的测试，而是可以访问"项目示例网站"进行体验。该网站上提供了SBAC系统中与英语和数学相关的测试问题的示例。教育工作者广泛参与测试问题的开发，包括编写测试问题、审查问题准确性以及确保问题对所有应试者具有公平性。

SBAC 系统使用各种项目类型来准确衡量学生所知道的和能够做的，主要包含基于证据的选择、方程、网格、热门文本、匹配交互、单选题、多选题、简答题、表格交互题、写作拓展延伸等类型的题目，具体介绍如下。

"基于证据的选择"类向学生提出一个由两部分组成的问题，即 A 部分和 B 部分。学生从 A 部分的四个选项中选择正确的答案，然后在 B 部分中确定选择该答案的依据。例如，题目给出了一篇英文短文，学生读完文章后回答 A 部分的问题，然后从 B 部分中选出能够支持 A 部分题目答案的依据。

"方程"类具有一个或多个用于答题的文本框和一个包含数学字符的键盘，学生使用键盘在文本框中输入方程式或数字答案。

"网格"类有三种类型，分别为拖放、热点和绘图。拖放网格类要求学生单击单个元素或多个元素，然后将元素拖放到背景图像中；热点网格类要求学生点击图像的某些区域；绘图网格类要求学生绘制点或线。以热点网格类为例，题目指出矩形可以被分成相等的部分，点击矩形的 1/4 部分以对其进行着色。

"热门文本"类包括单词或短语两种类型的题目。学生可以通过单击来选择（高亮）单词或短语，也可以通过单击和拖动来重新排列单词或短语。

"匹配交互"类要求学生将表格中每行的文本或图像与列中的值进行匹配。例如，题目给出一段短文，作答区为四行三列的表格，行代表不同的活动，列代表该活动是计划的还是未计划的，行与列之间进行匹配。需要注意的是，有些问题可能有一个以上的答案。

"单选题"和"多选题"是比较常见的题目，前者是指在多个选项中选出一个正确答案，后者是指需要根据题目要求选出多个答案。

"简答题"类有一个文本框作为回答区，需要用键盘输入字母、数字等字符。

"表格交互题"类需要用键盘输入表格单元。例如，题目给出了一个仅显示部分内容的乘法表，学生需要找到正确答案，然后填到表中，以完善表格。

"写作拓展延伸"类有一个文本框作为回应区，需要用键盘输入字母、数字等字符。这种项目类型为学生提供了更多的空间来做出更长的书面回答。这类题目还提供了文本格式工具——粗体、下划线、斜体、编号和标题列表、缩进、剪贴板、撤销、重做和拼写检查。

3. SBAC 评价系统应用——以数学学科评价为例

《共同核心州立数学标准》（Common Core State Standards for Mathematics，CCSSM）提出学生应该掌握数学技能和概念，鼓励学生借助数学知识解决实际问题[1]。该标准在一定程度上影响了 SBAC 评估系统的设计。SBAC 评估系统致力于使用各种类型的评估项目和任务来评估学生的数学能力，评估项目和任务的类型与被评估的数学能力的类型相一致。

SBAC 评价系统将《共同核心州立数学标准》中的数学总结性评价要求进一步细化，提出了五个方面的要求，分别为一个整体要求和四个独立要求（包括概念与过程、问题解决、交流推理、建模和数据分析），如表 1-3 所示，并根据学习要求的分类设置了相应的评估项目与任务。学生在评价系统中首先选择自己的年级，然后确定学科为数学，再选择自己要评估的学习任务和要达成的目标，最后选择内容的标准，此时系统就会提供相应的测试题目。

表 1-3　数学总结性评价要求

要求	内容
3—8 年级整体要求	学生在数学方面展现出正在为大学学习和就业做准备
11 年级整体要求	学生在数学方面已经为在大学学习和就业做好准备
要求一：概念与过程	学生可以解释和应用数学概念，并可以精确、流畅地解释和实施数学过程
要求二：问题解决	学生可以解决纯数学和应用数学中一系列复杂的定位问题，并在这一过程中有效地利用知识和问题解决策略
要求三：交流推理	学生可以清晰而准确地构建可行的论点来支持自己的推理，并批判他人的推理
要求四：建模和数据分析	学生可以分析复杂的、真实世界的场景，并可以构建和使用数学模型来解释与解决问题

（三）实施效果

2014 年，SBAC 评价系统对总结性评估和中期评估项目以及绩效任务进行现场测试，超过 420 万名学生参与了该测试。2014—2015 年，SBAC 评价系统向学校发布中期评估，允许使用该系统的成员国的教师及其他教育工作者检查学生全年

---

① Mathematics Standards[EB/OL]. [2024-06-07]. https://www.thecorestandards.org/Math/.

的进步情况，并获得可用于定制教学的反馈。2015 年，美国有超过 700 万名学生首次参加 SBAC 评价系统的总结性评估，该系统向成员国提供数据，以准确描述学生成绩和学生成长情况，为项目评估以及学校、地区和州问责制提供信息；近 200 所高等教育机构同意高中阶段使用 SBAC 评估系统得到的分数来安排课程，学生提交分数以帮助确定自己是否准备好参加大学水平的课程；超过 700 万名学生参加了第一个被广泛使用的计算机自适应总结性测试，该测试根据学生的回答调整整个评估过程中问题的难度①。

四、案例特点与创新

（一）以证据为中心评价方法的设计

以证据为中心设计评价方法，体现了 SBAC 评估系统的科学性。所谓以证据为中心进行评价，既体现在学生对所有问题的回答都要有相关资料作为支撑，以确保答案的可靠性、正确性，也体现在避免学生出现靠运气蒙题的情况，尤其是在作答选择题这一类型的题目时。学生在完成某题后，需再回答一题以指明其作答的依据，即所谓的证据。这一题目可能是以选择题的形式呈现的，学生只要选出相应的答案即可；也可能是以简答题的形式呈现的，这时就需要学生自己梳理逻辑以阐明作答原因。

（二）庞大的教与学资源库

SBAC 评价系统拥有丰富的教与学资源，为教师的"教"和学生的"学"提供了便捷的工具。一方面，SBAC 评价系统包含数学和英语两个学科的题库，这些题库的题目数量庞大、类型丰富，并且都经过了相关人员的严格筛选和测试。学生登录系统后，能够利用题库对自己某一阶段的学习进行检验，从而及时调整自己的学

---

① 10 Years of Smarter Collaboration[EB/OL]. [2023-11-22]. https://smarterbalanced.org/our-vision/our-history/.

习策略和状态。另一方面，该系统还为教师的教学提供了支持。"教师工具"模块中提供了丰富的课程和活动，可帮助教师掌握在课堂中吸引学生注意力的方法，还可帮助教师有效使用形成性评估。

五、案例经验与启示

我国非常重视评价在教育发展中的重要作用。2020年，中共中央、国务院印发《深化新时代教育评价改革总体方案》，明确提出"坚持科学有效，改进结果评价，强化过程评价，探索增值评价，健全综合评价，充分利用信息技术，提高教育评价的科学性、专业性、客观性"，为教育评价的发展提供了政策性的指引。由此可见，我国教育评价已经有了理论支撑，但在实践方面的进展相对缓慢。美国 SBAC 评价系统自 2010 年发展至今已较为成熟，并被美国大部分州所接受，其发展经验可为我国建设一个全国性的教育评价系统提供借鉴。

（一）评价目标一致性

教育评价系统中设置的评价标准与国家规定的课程标准的一致性，既是保证评价结果准确性的重要基础，也是保证教育质量的重要基石。美国智能平衡评估联盟基于《共同核心州立标准》开发了 SBAC 评价系统。该系统秉承《共同核心州立标准》的理念，为教师多样化教学提供了有利支持，有助于加强教学实践和改善学生学习，帮助所有中学毕业生为升学及就业做好准备。此外，SBAC 评价系统中的项目和任务的设置以及评价指标的设置也与《共同核心州立标准》相贴合，极大地保障了评价的有效性。我国《义务教育课程方案和课程标准（2022 年版）》中明确规定了每门学科的学习要求，并着重强调了要培养学生的核心素养，但在实践过程中仍较为偏重对学生成绩的评价，尚未真正全面贯彻新课标的教育理念，未来还需不断努力。

（二）加强信息技术的支撑

SBAC 评价系统充分利用了现代信息技术的优势，保证每个学生都能够平等地接受教育和评价。2021 年 12 月，科大讯飞教育技术研究院和认知智能国家重点实验室智能教育研究中心组织编写的《2021 智能教育发展蓝皮书——智能技术赋能教育评价》正式发布，信息技术赋能教育评价已经成为新时代推动教育评价创新性发展的必然趋势。我国应重视信息技术对教育评价的支撑作用，着力开发全国性的教育评价系统。

第二章

教育评价内容不断深化

第一节 OECD国际学生评估项目

一、案例基本信息

案例名称：国际学生评估项目

实施时间：2000 年至今

主要实施者：经济合作与发展组织

实施对象：15 岁学生

相关网址：https://www.oecd.org/pisa/

国际学生评估项目（The Program for International Student Assessment，PISA）是由经济合作与发展组织（Organization for Economic Co-operation and Development，OECD）开展的一项针对全球学生的评估计划。PISA 致力于衡量 15 岁左右青少年利用阅读、数学和科学知识应对现实生活挑战的能力，每三年进行一次。随着技术的发展，PISA 逐渐将智能技术赋能于评估过程中，其关注重点也发生了变化。

二、案例概述

PISA 是由经济合作与发展组织开展的，于 2000 年首次实施并延续至今的一项评估计划。PISA 专注于评估学生在阅读、数学和科学方面的表现，因为它们是学生今后进行持续性学习的基础。同时，PISA 通过收集有关学生学习态度和学习动机的信息，评估学生协作解决问题的能力、全球竞争力、创造性思维等。PISA 借鉴了世界各地学科中的内容，但并不局限于某一门特定的学科，而是关注学生应用知识和技能的能力，以及解释和解决问题时有效分析、推理与沟通的能力。

PISA 主要评估 15 岁 3 个月到 16 岁 2 个月这一年龄区间内的学生，以及就读于 7 年级或更高年级的学生。评估名单涵盖了所有符合这些标准的学生，无论其所在教育机构类型如何、学习制度（全日制或非全日制）如何，但也存在一些学校和学生可能会被排除在 PISA 样本之外的情况，但排除人数不应超过目标人群总数的 5%，学生被排除在外的原因包括学校偏远或交通不便、智力障碍或身体残疾、缺乏熟练的测试语言训练（例如，学生接受测试语言教学的时间不到一年），或缺乏教学语言的测试材料等。对于排除人数比例远超限额的国家，需要提供进一步的资料，以避免在将其与其他国家进行比较时产生偏差。由于评估数量的限制，除了非常小的国家和地区中的学生能够全部参与评估外，其他国家和地区会抽取部分学校和学校内部分学生的样本，分配选定的学生的抽样权重，抽中的学生将作为该校代表参与 PISA 的评估。PISA 样本的人口构成可能随时间而变化，例如，入学率或移民流动的变化在一定程度上会对整体评估趋势的分析产生影响。PISA 考虑了主要的背景变化以及表现趋势，除了基本的、未调整的绩效趋势外，还考虑了学生人数的变化，以最大限度地减小误差。

近年来，随着技术的飞速发展，PISA 也逐渐认识到智能技术对评估活动的赋能作用，开始逐步将智能技术的使用纳入 PISA 的方案中，技术的赋能作用开始逐渐凸显。例如，PISA 在 2012 年采用计算机模拟情境和互动，利用智能技术完成全自动化的评分。2023 年 5 月，经济合作与发展组织发布《PISA 2025 科学素养测评框架（草案）》[PISA 2025 Science Framework（Draft）]，该方案明确指出要培养学生在数字世界中学习的能力，在评估过程中利用智能技术为学生提供实时的智能反馈[①]。

---

① PISA 2025 Science Framework （ Draft ） [EB/OL]. (2023-05)[2024-04-20]. https://pisa-framework. oecd.org/science-2025/assets/docs/PISA_2025_Science_Framework.pdf.

三、案例实施与推进

（一）实施背景

20 世纪 80 年代初，随着美国逐渐普及义务教育，其基础教育面临许多新的挑战，主要表现为基础教育质量水平的下降。与此同时，英国、法国等发达国家也相继面临基础教育质量下滑的问题。在这样的背景下，各发达国家的教育专家提出要建构全新的、统一的、标准的国际基础教育监测系统。20 世纪 90 年代末，经济合作与发展组织各成员国达成共识，决定开展基础教育评估计划，共同推动各国基础教育的发展。因此，为了满足成员国对定期提供有关其学生知识、技能以及其教育系统表现的可靠数据的要求，经济合作与发展组织在 20 世纪 90 年代末期开始了国际评估计划的工作。PISA 于 1997 年正式启动，首次调查在 2000 年进行。

随着越来越多的国家加入 PISA，早期的评估已不适用于快速发展的社会，为了适应更加多样化的国家，包括越来越多的中等收入和低收入国家，评估的设计和实施模式迫切需要更新。为应对这一挑战，经济合作与发展组织和一些合作伙伴于2013 年启动了 PISA 促进发展倡议，该倡议旨在进一步发展和区分 PISA 数据收集工具，以产生更有助于支持中低收入国家循证决策的结果。

（二）实施方案

迄今为止，PISA 已出版了多个版本的方案。PISA 非常注重技术在评估过程中的作用，近年来每一个评估方案中都会涉及对于智能技术的使用，以下是涉及智能技术使用的一些方案。

1. PISA 2012：创造性解决问题

PISA 2012 的重点在于评估学生创造性解决问题的能力。社会、环境和技术的变化意味着个人易于应用的知识范围正在迅速扩大。在快速增长的高技能管理、专业和技术职业中，尤其需要解决复杂问题的技能。因此，对于学生来说，培养创造性解决问题的能力非常重要，以面对和克服复杂的、非常规的挑战，无论是在日常生活中还是在为未来做准备时，都能立即提出适切的解决方案。同时，创造性解决问题的能力有助于个人更好地适应新环境，也有助于个人实现终身学习，并将知识成功地转化为行动。

PISA 2012 中的创造性解决问题评估超越了传统的识字和算术范围，推进了大规模的、基于能力的评估。创造性解决问题评估侧重于解决问题所涉及的一般认知过程，而不是学生解决特定学科问题的能力。同时该评估充分利用了基于计算机的模拟情景和互动的潜力，并采用了全自动化的评分方式。在某些任务中，该评估还使用了过程数据，即有关学生执行的操作顺序的日志文件。例如，当学生被要求解决一些题目中的问题时，他们需要通过自主探索来发现他们需要的信息。

2. PISA 2015：协作解决问题

PISA 2015 中的协作解决问题评估建立在 PISA 2012 的创造性解决问题评估框架的基础上，重点关注协作解决问题方面的其他概念，其目标在于培养学生在协作解决问题过程中的相关技能，如沟通、管理冲突、组织团队、建立共识和管理进度等。

PISA 2015 中的协作解决问题评估是第一个大规模的评估学生协作解决问题能力的国际项目，要求学生与计算机进行模拟互动以解决问题。该评估包括几种类型的协作解决问题的任务，旨在引出不同类型的解决问题的行为以及学生与计算机代理之间的互动。具体而言，该评估包括三种类型的任务：集体决策任务（需要通过论证、辩论、谈判或共识达成决定）；小组协调任务（包括协作工作，其中必须共享独特的信息）；小组生产任务（要求团队共同创建产品，包括新产品设计或书面报告）。

3. PISA 2018：全球竞争力

PISA 2018 中的全球竞争力评估主要衡量学生研究全球跨文化交际问题的能力，这是通过与来自不同文化背景的人进行公开、适当和有效的互动，为集体福祉和可持续发展付诸行动来实现的。全球竞争力包含多个维度，需要将知识、技能、态度和价值观成功应用于全球范围内以解决跨文化交际的问题。PISA 2018 评估了学生在这一方面的能力，同时也考察了他们的学校是否能够有效地解决全球竞争力的发展问题。

PISA 2018 以多维的方式定义和评估全球竞争力，承认学生的社会情感技能和态度，以及他们对全球和跨文化问题的认知推理是全球竞争力的核心指标。PISA 2018 利用固有的互联数字空间开展评估活动，学生可以质疑有偏见的观点，并负责任地在网上表达看法。但该测试仅关注学生面对与全球和跨文化相关的问题时所需的知识和技能，因此它也仅能收集有关学生的认知和社会情感技能以及他们对全球和跨文化问题态度的信息。

4. PISA 2022：创造性思维

PISA 2022 中的创造性思维评估旨在衡量学生有效参与想法产生、评估和改进的能力，这些想法可以产生原创和有效的解决方案，促进知识的进步，并产出富有影响的想象力表达。创造性思维有助于学生通过新颖的和有意义的方式解释经验、行动和事件，并对学生的学术兴趣、成就、身份和社会情感发展等产生积极影响。在课堂之外，创造性思维还可以帮助学生适应不断变化的世界。

PISA 2022 评估主要考察学生在各种背景或领域中产生多样化和原创性想法以及评估和改进这些想法的能力，主要包括四个领域：书面表达、视觉表达、社会问题解决和科学问题解决。PISA 2022 中的创造性思维评估引入了几项方法创新：第一，评估包括基于智能化的视觉设计工具的新交互式项目类型。在 PISA 2022 中，一些项目首次要求学生通过智能技术制作视觉人工制品，而不是进行书面回答或选择正确答案。第二，评估活动涉及的都为开放式任务，可能存在多个正确的解决方案。这就需要更复杂的评分方法，设计更精细的评分标准和样本回答（这些评分标准和样本回答是通过智能技术收集与分析世界各地许多学生的回答而获得的），以进行具体的评估。

5. PISA 2025：在数字世界中学习

PISA 2025 中的在数字世界中学习的评估旨在衡量学生使用智能计算工具参与知识构建和解决问题的迭代过程的能力。这种能力通过学生有效进行自我调节学习得以实现，并体现在其计算和科学探究实践的应用中。未来的工作将越来越多地要求人们与计算模型和虚拟现实进行交互，并使用数字工具解决问题。智能技术可以改变学生的学习方式，为他们提供新的机会来探索复杂的现象。

PISA 2025 侧重于评估数字世界中对技术学习至关重要的两项能力：第一，自我调节学习能力，即在学习过程中监测和控制一个人的元认知、认知、行为、动机和情感过程的能力；第二，计算和科学探究实践能力，指的是使用数字工具探索系统、表达想法以及解决计算与逻辑问题的能力。PISA 2025 中的在数字世界中学习的评估展示了 PISA 的几项重大创新。每个测试单元都被设计为一个现代化的数字学习环境，学生可以在其中找到一系列的数字资源，如教程或工作示例，以填补知识的空白，并且能够获得有关学习进度的智能反馈。对学生表现的评估不仅仅取决于他们正确回答问题的能力，还取决于他们能在多大程度上建立知识理解的图示，最终生成可视化的评估结果。此外，PISA 2025 将提供学生自我调节学习过程的国际比较，包括动机和情绪调节的测量，该过程是通过将分析模型和过程数据相结合这一创新方式来实施的。

（三）实施效果

PISA 每三年会在官网上做出相应的报道，展示其具体实施效果，具体如下。

PISA 2012 成果（第五卷）：创造性解决问题的结果展示了学生在解决问题评估中的表现，包括检查每个学校系统的相对优势和劣势以及它们与个别学生特征的关系，如性别、移民背景和社会经济地位，同时还探讨了教育在培养解决问题的能力方面的作用。[1]。

PISA 2015 成果（第五卷）：协作解决问题的结果展示了学生与两个人或更多人合作以尝试解决问题的能力。该卷提供了评估这一特定技能的基本原理，并描述了国家内部和国家之间的绩效，同时还探讨了教育在培养学生协作解决问题的技能方面的作用[2]。

PISA 2018 成果（第六卷）：PISA 2018 的结果表明了世界各地所取得的学习成果的质量和公平性，并使教育工作者和政策制定者能够学习其他国家采用的政策和做法。涵盖六个方面的内容：学生目前的能力、学生当下需要达到的目标、学校生活对学生的影响、学生的金钱观、政策的执行力度、学生应具备的技能[3]。同时，

---

① PISA 2012 Results[EB/OL]. [2023-11-22]. https://www.oecd.org/pisa/aboutpisa/pisa-2012-results.htm.

② Key Findings[EB/OL]. [2023-11-22]. https://www.oecd.org/pisa/keyfindings/.

③ PISA 2018 Results[EB/OL]. [2023-11-22]. https://www.oecd.org/pisa/publications/pisa-2018-results.htm.

PISA 2018 主要呈现了一些重点国家对学生阅读性能的评估数据，如图 2-1 所示，阅读性能得分的取值范围为 0—600 分，其中经济合作与发展组织的平均值为 480 分，在整个行列中处于中等位置[①]。

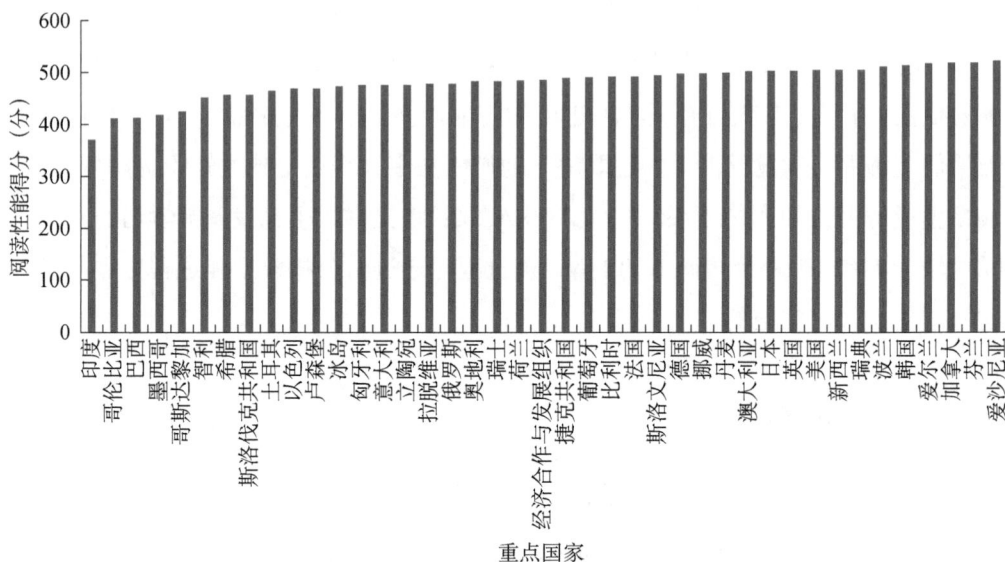

图 2-1   PISA 2018 部分数据

PISA 2022 成果（第二卷）：该评估是在 COVID-19 全球大流行期间进行的，主题包括学校状况与教育公平、在颠覆中学习和从颠覆中学习。首先，该评估描述了学生在数学、阅读和科学方面的表现，考察了性别差异，并调查了学生表现与其社会经济地位和移民背景的关系，同时还描述了自之前的 PISA 评估以来，学习成果的质量和公平性是如何演变的。其次，该评估重点关注教育的复原力，并分析了其与教育系统、学校和学生的相关性。该评估的主要内容包括学生在学校停课期间的学习、停课期间学校和家庭的支持、教育投资，以及学校治理等[②]。

PISA 2025 数字世界中的学习评估结果预计将于 2027 年发布。

---

① Reading Performance (PISA)[EB/OL]. [2023-11-22]. https://data.oecd.org/pisa/reading-performance-pisa.htm#indicator-chartvf.

② PISA 2022 Results[EB/OL]. [2023-11-22]. https://www.oecd.org/pisa/publications/.

四、案例特点与创新

在评价内容上，PISA 调查侧重于评估阅读领域，而数学、科学和全球能力则是次要评估领域。此外，PISA 还包括对年轻人金融知识的评估，这对一些国家和地区来说是有益的。

在评价方式上，PISA 采用问卷的方式，旨在获取有关学生的态度、性格和信仰、家庭以及他们的学校和学习经历等方面的信息。例如，校长问卷内容涵盖学校管理和组织，以及学习环境。一些国家和地区还发放了更多的调查表，以获取更多的信息。其中包括：在 19 个国家和地区，向教师发放调查问卷，询问他们的教学实践；在 17 个国家和地区，向家长发放调查问卷，要求他们提供孩子对学校和学习的看法及参与情况。一些国家和地区还可以选择向学生分发另外三份可选问卷：52 个国家和地区发放了一份关于学生对计算机熟悉情况的调查问卷；32 个国家和地区发放了一份关于学生对继续教育期望的调查问卷；9 个国家和地区发放了一份关于学生福祉的调查问卷。

在评价表现上，大多数国家采用了计算机自适应测试，评估总共持续两个小时左右。在阅读方面，基于计算机自适应测试，该评估采用了多阶段自适应方法，根据学生的先验知识，为其分配一组测试项目。学生还回答了一份背景问卷，大约需要 35 分钟才能完成，测试题目由多项选择题和简答题混合而成，不同的学生回答不同的测试题目。

五、案例经验与启示

PISA 的持续发展为我国建立基础教育评价体系提供了可借鉴的标准，同时PISA 适应数字时代要求的过程也给我国带来了相应的启示。

（一）基础教育评估活动应从多方面进行考核

PISA 不是考察学生对特定学校课程的掌握程度，而是考察学生在关键学科领域应用知识和技能的能力，以及在检查、解释与解决问题时有效分析、推理和沟通的能力。PISA 在阅读评估中实施了适应性测试，在阅读评估的早期表现良好的学生更有可能在后期遇到更困难的问题；相反，在阅读评估的早期表现不佳的学生更有可能在后期遇到更容易的问题。因此，我国的基础教育评估活动应从多方面进行考核，关注学生的整体发展。

（二）基础教育评估活动应关注学生的终身发展

PISA 可以促进学生实现终身学习。学生仅凭在学校的学习无法获取今后生存和发展所必需的所有知识，为了成为高效的终身学习者，年轻人不仅需要知识和技能，还需要了解他们为什么学习以及如何学习。PISA 既衡量了学生在阅读、数学和科学素养方面的表现，又考察了学生的动机、信念和学习策略。因此，我国的基础教育评估活动应关注学生的终身发展，切实为学生的未来考虑。

（三）基础教育评估活动应建立在充分的数据基础上

PISA 每三年进行一次测评，在开展测评之前会提供实施方案，在某一阶段测评结束之后，将基于得到的数据提供相应的实施成果报告。以数据为基础的结果更具科学性和标准性，同时在其基础上提出的建议也更有说服力，因此以数据为基础的评估政策也更具可行性。因此，我国的基础教育评估活动应建立在充分的数据基础上，以提供科学、标准的评估结果。

（四）基础教育评估活动应适应数字时代的要求

为适应数字时代的要求，PISA 2025 中明确指出：要在数字世界中学习，要将智能技术融入教育评价的过程中，为学生创造一个数字化的学习环境[①]。数字环境有助于获得学生学习的全过程数据，同时科学分析相应数据，进而发展智能化的教

---

① PISA 2025 Learning in the Digital World[EB/OL]. [2024-06-07]. https://www.oecd.org/pisa/innovation/learning-digital-world/.

育评价。因此，我国的基础教育评估活动应顺应数字时代的要求，积极发展智能化
的评估活动。

第二节　美国私立高中联盟MTC的学生评价体系

一、案例基本信息

案例名称：美国掌握成绩单

实施时间：2017年3月至今

主要实施者：美国私立高中联盟 MTC

实施对象：美国高中生

相关网址：https://mastery.org/

本案例展示了美国私立高中联盟 MTC 利用创建的掌握成绩单评价学生的方式，倡导如何使高中生为未来的世界做好准备，并提出了一种新理念，即如何将他们的能力展示给大学和雇主。这个思路引领教育者重新构想学生在高中所学内容以及如何使他们更好地掌握相关内容，通过创建独特、灵活且可扩展的学习记录，创新高中最基本的文件——成绩单，旨在解决认证方面的问题，使学生能够充分展示其获得的能力，记录相关的学习痕迹。

二、案例概述

传统的成绩单通过单一的衡量标准，如平均学分绩点（grade point average，GPA）对学生进行分类和筛选，将每个复杂而独特的个体简化为一个简单的数字，

这强化了过时的教育模式，限制了创新，并且阻碍了对教育公平的追求。目前，绝大多数美国学校使用卡内基成绩单（Carnegie Transcripts）作为向大学传达学生高中成绩的一种手段。这份成绩单将学生在学校的整个生涯简化为一张纸，不仅难以从这些有限的数字中获得完整的信息，而且可能对学生的教育产生负面影响。例如，学生担心自己被一串数字衡量，因而将花费更多的时间和精力专注于取得更好的成绩，而不是专注于学习的精神探索与知识的深度挖掘。

MTC 创建了掌握成绩单来匹配当前的教育现状，认可学生在校内外获得和掌握的技能，支持每个学生为当今世界学习，探索和追求通往未来的各种途径。掌握成绩单的想法诞生于克利夫兰的霍肯学校，当时的学校正在开发带有创业元素的新课程，并优先考虑 21 世纪的技能和元认知技能。学校领导意识到传统的评分系统并不是评估新学习模式下学生学习情况的最合适方式，学生的作业并不能很好地转化为成绩，受升入大学和传统成绩单格式的限制，急需重新设计一份新的成绩单，以更准确地反映学生的学习情况。之后，霍肯学校与其他学校和相关企业达成了共识，共同设计了一个新的掌握成绩单，以反映学生的独特优势、兴趣和能力。

MTC 创建的掌握成绩单涉及如何设计和评估教育、如何衡量学生所学的知识，以及学生如何吸收知识并能够展示和应用他们的经验，极大地促进了掌握学习模式的普及和实施。这一方法强调重视学生在大学和职业生涯中取得成功所需要的高阶技能，以确保学生、高中和高等教育的利益保持一致，旨在为所有高中毕业生的未来工作和学习做好准备。其平台登录界面如图 2-2 所示。

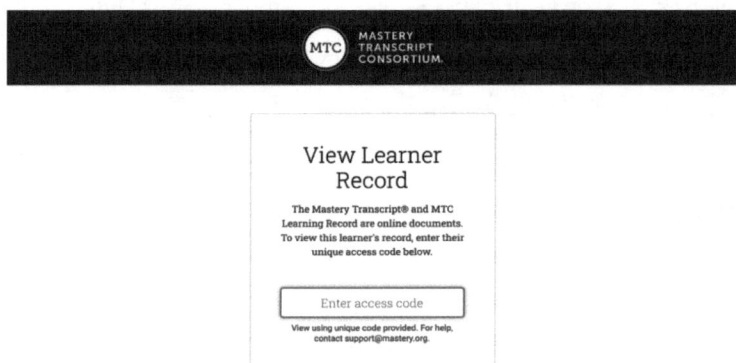

图 2-2　MTC 平台登录界面

三、案例实施与推进

(一)实施背景

教育界越来越重视学生更丰富、更深入的学习,并且逐渐认识到目前的大学招生政策——依赖于 GPA 和标准化考试成绩的政策——并不能反映学生成功所需的更广泛能力。GPA 是一种衡量高中学业成绩的方式,学生在高中时所获成绩字母等级的平均值构成了其最终的 GPA,是与学生成绩相关的数值。GPA 量表通常有两种类型:一种是未加权的 GPA 量表,不考虑课堂难度,最大数值为 4.0;另一种是加权的 GPA 量表,考虑了课程难度,最大数值为 5.0。

当成绩排名比学习更重要时,学生可能会脱离学习的本质,他们在获得学位且完成高等教育后,可能发现自己对不断发展的工作世界并没有做好准备,可能面临失业或岗位不匹配等问题。部分学生没有学习如何协作、批判性思考和解决复杂问题,其学习更侧重于短期记忆和对事实的反刍,未能发展关键的 21 世纪技能,包括元认知、社交和情感技能。

近年来,教育专业人士不断寻求弥补学校渴望的基于能力的学习与学生在真实档案中展现和已形成的能力之间差距的方法。掌握成绩单则为解决这一难题带来了独特的价值,是当前教育领域需要的变革杠杆。面对大学录取过程日益严格的审查,美国全国性的非营利会员组织 MTC,作为一个独立的组织或独立的辅助组织,提供了一种全新的、全方位的方法来审视和评估学生,带来了评价领域的一场巨变,旨在帮助所有学习者都能获得掌握学习或基于能力的教育。传统的成绩单通常为狭义的成绩单,很少能反映学生的课外学习、有意义成长及对基本知识和技能应用的熟练程度。MTC 的目标是捕捉学生的不同方面,从扁平化的成绩单转向能代表学生整体成就的成绩单。MTC 向招生人员呈现了一个更为深入且真实的学生故事:他们究竟是怎样的人,他们学到了哪些知识,他们是如何一步步成长的,他们的兴趣爱好是什么,以及他们想成为什么样的人。MTC 致力于支持并推动掌握学习的转变,重新调整高中到大学的过渡之路,使其更加顺畅、高效。

（二）实施方案

掌握成绩单并非传统的成绩或 GPA，而是学生在高中生涯中积累的掌握学分的信用档案，以及他们丰富的知识和技能的有力证明。这份成绩单通过可视化的方式，清晰展示了学生在技能、知识和思维习惯方面的掌握程度，并为学生提供了表达和展示自己作品的平台，全面展现了他们的学习成果和个人能力。MTC 与多所学校合作，以创建一个更好、更强大的三维成绩单模型，更加真实地展现学生全貌。MTC 行动理论借鉴了变革的三个关键杠杆，如图 2-3 所示。

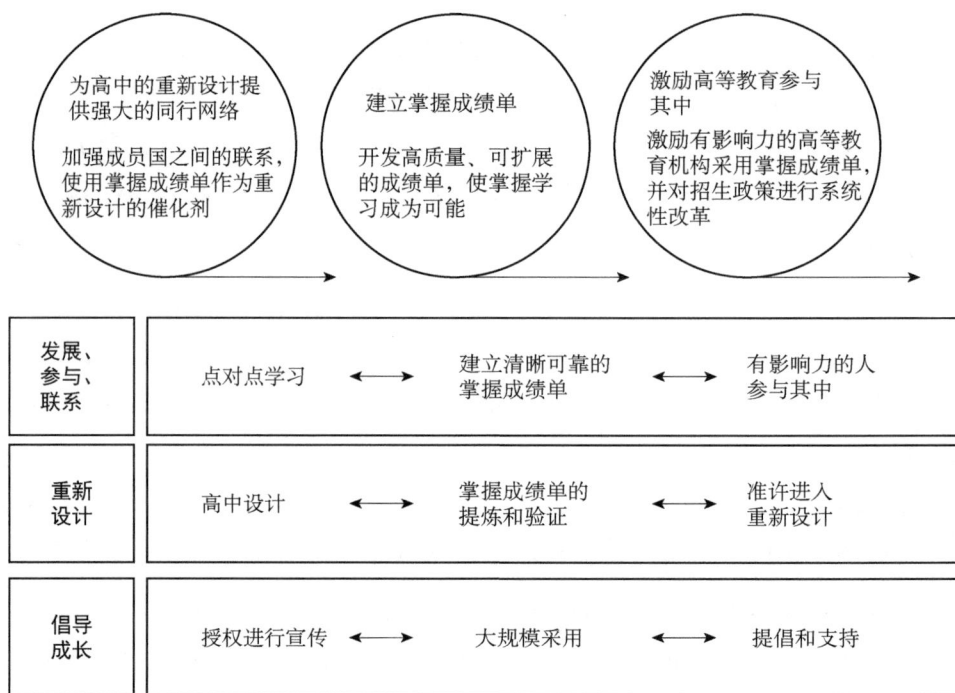

图 2-3　变革的三个关键杠杆

1. 建立一份清晰可靠的掌握成绩单

掌握成绩单显示了学生已获得的掌握学分和已完成但没有成绩的课程，展示了学生对一组明确定义的技能的熟练程度。有两种类型的学分：基础和高级。获得文凭需要基础学分。而高级学分则是学生对某些学科的进一步探索或特别卓越的证明。每个学校或学区根据学校社区的文化和优先事项确定自己的"特色领域"。学习者上传学习过程和知识技能习得的证据，一旦获得批准，将附在他们的成绩单上，作为他们学习成果的有力证明。学生对自己的学习拥有所有权，可在申请大学、工作时以独特的方式展示自己的掌握成绩单。

掌握成绩单与传统的高中成绩单有显著差异，包含了三个层次的内容：顶层显示学生获得的掌握学分（图2-4），下一层提供了有关每个学分的信息（图2-5），最后一层是成就的具体证据。与传统成绩单使用字母等级来标示成绩的方式截然不同，掌握学分成为衡量学生学习成果的新标准。掌握学分涵盖一系列元素，有些是基于知识的，有

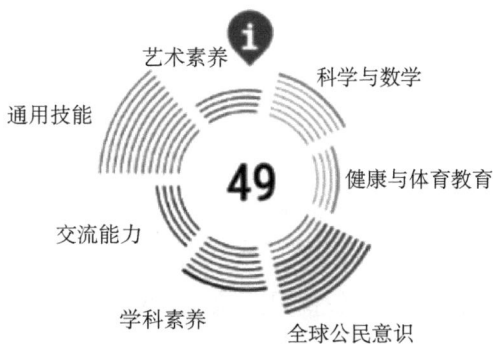

图 2-4　学生获得的掌握学分

通用技能	艺术素养
生成解决方案	表现
评估信息	连通
合成信息	创造
应用知识	评价
有所作为	**全球公民意识**
尊重多样性	国际关系调整
践行负责任的数字公民	STEM素养
有效利用技术	地理
承担责任	**健康与体育教育**
协作	身体健康
识别和定义问题	社会情绪健康
科学与数学	性健康
统计推理	**学科素养**
代数推理	中心思想
几何推理	语言分析
科学的实验设计	写作
科学解释	词汇
科学建模	
高级统计推理	

图 2-5　有关每个学分的信息

注：交流能力不包含其他维度，因此图中未显示。STEM 指科学（Science），技术（Technology），工程（Engineering），数学（Mathematics）

些是基于技能或基于价值观的，如展示领导力或毅力。成就的具体证据可以有多种形式，参加标准学校日以外的活动也可以获得相应学分。通过记录相关的学习证据，掌握成绩单为大学提供了比传统成绩单更多的信息。同时，通过取消字母等级，学生变得更愿意冒险，因为他们不再那么害怕失败。学生被鼓励参与到可持续性的工作和深度学习中，并始终努力做到最好，不再仅仅是为了在特定期限内取得某个特定的成绩而埋头死学。通过改变评估的方式，教育工作者希望影响教学法，使其更注重协作性和基于项目的学习，而不仅仅是为了迎合单元考试、期末考试等的知识灌输。

传统成绩单反映了学习者的最终学习状态。与传统成绩单相比，掌握成绩单能更好地反映学生的整个学习过程，而非仅关注分数和评估，并能为学生提供以真实方式讲述故事的工具。它不会要求教师根据学生的个人成长情况或学生与班级其他学生的比较情况来决定是否应该给出相应的分数。例如，对于两个学习者，有不同的方法可以证明他们的学习情况，以 5 个熟练等级对他们学习的熟练程度进行定期评估，结果如表 2-1 所示。在使用平均分的模型中，学习者一的平均分为 4 分，学习者二的平均分数为 3 分，表明学习者一的熟练程度高于学习者二。但在掌握学习模型中，学习者二表现出高成长和最高水平的最终状态熟练程度，即精通。从这个角度来看，学习者二的学习实际上可能比学习者一更深入。

表 2-1　两个学习者的熟练程度评估

学习者	得分（分）	评估
学习者一	4 / 4 / 4 / 4 / 4 / 4	熟练程度高，无成长
学习者二	2 / 2 / 2 / 3 / 4 / 5	精通，高成长

2. 高中可以使用掌握成绩单来催化和支持课程的重新设计

尽管掌握成绩单的首页需要在整个 MTC 中保持统一标准，但各成员学校完全有权依据自身的步调和特色，以符合各自学校文化的方式灵活应对评估方式的变化。这一做法旨在确保每所学校都能根据自身的实际情况，因地制宜地实施教育改革，从而更好地促进学生的全面发展和个性化成长。MTC 的目标是首先在少数学校中试行掌握成绩单，大多数成员学校继续开发他们的课程，以期在未来几年内逐步实施掌握成绩单的方案。将掌握成绩单确立为公认的评估方法需要多年的仔细审查和循序渐进的工作，这会因学校的起点、容量和网络带宽而异。因此，掌握成绩单并不是大多数学校可以快速实施的创新举措。

MTC 与大多数成员学校初步合作，引导他们重新构想"一旦拥有了掌握成绩单这个选项，他们希望自己的课程将如何设计"。学校需要明确适合其学校文化的基本能力。MTC 制定了以掌握为基础的学习系统和基于证据的支持框架来帮助学校，为后者提供基础和示例。通过与数百所成员学校的紧密合作，该框架明确了一套核心能力，为学校社区重新设计学习、教学和教育系统提供了理想目标和切实可行的步骤。此外，为了帮助学习者更好地利用该框架，MTC 开发了一个名为"MTC 成长"的跟踪和规划工具。MTC 成长遵循与掌握成绩单和 MTC 学习记录（MTC Learning Record，MLR）相同的设计原则。

MTC 还提供了质量控制和指导。对于每种能力，学校首先要确定学生的初始水平，是"未开始"、"正在进行中"还是"已获得"。为了帮助学校做出这一判断，MTC 提供了来自合作伙伴组织的使用反馈和精选资源库，鼓励学校上传学生在掌握学习过程中的实证材料，并将这些实证材料与学生获得的能力进行关联。

MTC 在合作学校中引入被广泛应用的数字成绩单，以其透明度和真实性脱颖而出，成为记录学生知识掌握情况以及展示学生随时间发展的一系列能力的有力工具。这份成绩单超越了传统一维成绩单的局限，作为反映学生学业进步历程的重要指标，为学生的学习与成长提供了详尽且广泛的证据。此外，它还包含一个由成员学校共同策划的掌握学分库，各成员学校可充分利用该学分库来分享各自的学分资源，以进一步丰富学生的学习经验和展示成果。

目前已经有不少高等教育机构将掌握成绩单视为重新思考招生策略的重要工具，并积极动员其他机构效仿这一创新举措。MTC 与成员学校合作，共同设计并构建了一个软件平台，成员学校使用该平台来创建可扩展且灵活的学习记录——掌握成绩单和 MTC 学习记录。成员学校通过该平台发布学习者的掌握成绩单和学习记录，并将其安全地交付给大学招生人士或雇主。除此以外，MTC 还成立了高等教育咨询小组，由来自一系列学院和大学的本科招生领导组成，以确保该小组观点与招生人士的观点保持一致。

案　例

2020 年春季，四所 MTC 成员学校向众多两年制和四年制学院及大学发送了掌握成绩单。数十所学院和大学审查了带有掌握成绩单的申请人资料，并同意将掌握成绩单纳入录取审核资料。共有来自近 85 所学院和大学的 60 份录取通知书被送至申请人手中，包括亚利桑那州立大学、奥本大学、加州理工学院、科罗拉多州立大学、哈维穆德学院、梅里马克学院、里德学院、爱达荷大学、马萨诸塞大学波士顿分校、华盛顿大学西雅图分校、威斯康星大学密尔沃基分校、佛蒙特大学、华盛顿州立大学和伍斯特理工学院等①。尽管学生的背景、学校和抱负各不相同，但有一点是明确的：他们的学习经历和成绩单本身帮助他们展示了自己是谁，他们可以为复杂的世界做出什么贡献，以及新的成绩单如何带来重要的变化。例如，一位即将毕业的大四学生是第一批使用新成绩单进行大学录取工作的学生之一，他对掌握成绩单赞不绝口，认为这是一份充满生命力的文件，能够真正反映学生的整个高中生涯，并鼓励学生发展和表达自己的兴趣爱好。

（三）实施效果

MTC 正在与大学以及其他高等教育机构合作，改变高中和大学之间的关系，促进高等教育招生的可持续变革，为大学提供传统成绩单的替代方案：比成绩和 GPA 提供更多细微差别和更深入的证据，同时在录取过程中保持一致性和有效性。掌握成绩单具有一定的灵活性和自由度，以支持跨学科课程的设置，为学生未来的学校教育和职业发展做好准备，使学生能够在进入复杂和相互关联的世界之前做最好的准备。

2019 学年度，有几十名学生借助掌握成绩单收到了其所申请大学的录取通知书。2020 年春季，来自 4 所成员学校的高中生凭借他们的掌握成绩单被超过 55 所大学接纳，16 所高中（8 所公立高中，8 所私立高中）为 2020 学年度的毕业生使用掌握成绩单，数百所大学在这一年决定使用掌握成绩单。截至 2020 年 12 月，有

---

① Mastery Transcript Consortium® (MTC) Announces Full Availability of Mastery Transcript® Version 1.0[EB/OL]. (2020-09-02)[2023-11-12]. https://mastery.org/mastery-transcript-version-1-0/.

360 多所公立学校和私立学校成为美国私立高中联盟 MTC 的会员，认可掌握成绩单，其中近 1/3 的成员是美国公立学校。2021 年，有 170 多所大学决定在获得掌握成绩单后的两年内接收学习者①。越来越多的大学申请者开始选择使用掌握成绩单，数以百计的大学招生办公室开始认可掌握成绩单，未来还会有更多的大学招生办公室将掌握成绩单作为大学申请材料的一部分。

四、案例特点与创新

新的掌握成绩单是传统高中成绩单的一种替代方案，它基于掌握学习模式，使学校能够改变其教育模式，让学生有机会讲述他们的故事并突出他们独特的激情、经验和观点。相较于传统成绩单，掌握成绩单更加注重学生综合素质与能力的评价，以提升综合性评价效力。它具有自身的特点和创新。

（一）特点

1. 灵活但统一

掌握成绩单不强制要求一套特定的能力，每个成员学校都拥有自己的特定内容，能力由成员自己根据实际情况进行定义和认证。但它在格式上又具有一致性，每个掌握成绩单的布局和功能都是相同的，以便读者可以快速准确地查看相关的记录，知道寻找什么以及去哪里寻找。

2. 紧凑但分层

作为数字交互式文档，掌握成绩单和 MTC 学习记录提供了一个紧凑的"顶层"，以可视化形式呈现学习者的不同优势领域，这样读者可以快速了解学习者的相关能力情况，同时也可以轻松浏览各分层的相关信息，对于希望深入了解学习者学习成果的读者而言，这份成绩单提供了极大的便利。

---

① 2020 in Review[EB/OL]. (2020-12-14)[2023-11-22]. https://mastery.org/2020-in-review/.

3. 更加深入、全面地展示学生

传统成绩单有一定限制，无法展示学生完成有关作业或项目的更多详细信息，以深入了解他们如何看待世界。相较之下，掌握成绩单比传统成绩单更能深入、广泛地展示学生的相关背景和信息，能较为直观地呈现学生的作品并表达他们的声音。同时，掌握成绩单提供了让读者对学生个人作业和项目有更深入了解的机会，学生拥有自己的个人资料页面，可以选择展示特定的项目和成就。

4. 促进教育公平

公平意味着所有学习者都有平等的机会来充分展示自我，并可以利用他们感兴趣的机会来推动他们的生活和工作向前发展。创建相关的学习记录是为了服务来自不同背景的学习者，并支持他们实现高中毕业后的各种目标，如进入选择性的四年制大学，就业于社区学院，或者进入劳动力市场。

（二）创新

1. 掌握成绩单没有成绩

掌握成绩单与传统的评估模式有实质性的不同。掌握成绩单上没有 A—F 字母等级，MTC 成员学校不会以分数来衡量学习者的成就，而是围绕学生的表现情况，根据学生学习的证据给出相应学分，每一个记录在成绩单上的微学分，都代表着学生在特定技能、知识模块以及思维习惯上的掌握情况。一旦学生掌握了这些关键技能和内容，通过汇总他们的能力，掌握成绩单上便能以清晰、简洁的方式展示每位学生的优势。这种评估方式更能真实反映学生的学习成果，并为他们的未来发展提供有力的支持。

2. 将学习与当今世界联系起来

在学徒模式中，学习是主动的而不是被动的。学习者参与并实际应用他们的知识，而不仅仅是倾听和反刍。这种模式使学习者的学习速度和方法更加个性化，强调使学习者通过每一步的渐进成功来掌握技能。掌握成绩单旨在支持学校采用这一模式，重视培养高中生今后在大学和职业生涯中取得成功所需的基础能力和高阶技能，并且相关学习记录能够使学习者展示他们的知识、技能和性格，教师能够据此指导学习者改进其不足。学习者在高中旅程每个阶段的证据能够证实其在课堂内外的能力,这就使大学和雇主能够更充分、更全面地了解学习者的兴趣、技能和优势。

3. 促进"整个学生"发展

使用过掌握成绩单的学习者均表示有很好的体验。掌握成绩单的优势不仅在于它们传达的内容,还在于它们能够实现的内容。借助这份成绩单,学习者喜欢探索和汇编自己相关的学习证据,这可以帮助学习者找到自己之前可能没有意识到或不知道的方面,如自己的优势和有成长空间的领域,进而能够激发学习者更积极地投入学习,追求自己喜欢做的事情并获得相应的满足感。掌握成绩单基于真实参与的学习过程进行记录,从更加多样、更加全面的层次和角度推动学习者的整体性发展。同时,它不仅能展现不同学习者的学习特点和优势,更能增强学习者自我发展的内在驱动力,推动其深度个性化发展。

五、案例经验与启示

目前,我国传统教育评价仍具有一定的局限性,未来需要寻找更加科学的评价范式,充分利用数字化手段,全面展现每一位学生的学业情况,明确每个学生的强弱之处,并提供相应的证据证明。

(一)强调能力培养

教师应教导学生追求掌握学习的能力而不是追逐数字成绩。高中学校应努力记录并整合学生全部的学习经历,在评价过程中让学生了解到知识偏好、能力缺陷、发展目标等内容,避免以应试成绩为唯一尺度评价教育质量,应重视培养学生在之后的大学和职业生涯中取得成功所需的高阶技能,使其做好相应的准备。

(二)完善过程评价,利用学习档案记录学生成长轨迹

当前,传统的教育评价以总结性评价方式为主,评价内容也大多注重内容知

识，学生可能只是短暂、简单地记忆和反刍知识，而没有获得诸如坚持、正直、韧性、团队合作和领导力等技能和品质。为此，学校、教育机构和政府需要合作，考虑如何改进当前的评估方法。基于技术的数据采集和分析将评价渗透到教学环节之中，可实时动态采集学生在自然状态下的全过程真实学习行为轨迹，借助云计算和大数据分析等技术，精准捕捉学生的学习状态、进步情况和潜在问题，并即时反馈教学效果。相关部门和人员可以在此基础上，进一步利用学习档案，系统、全面地记录学生的成长轨迹。学习档案不仅能记录学生的学术成绩，更关注他们在学习过程中展现出的各种技能和品质。

（三）优化综合评价，关注学生努力程度和进步表现

为打破传统的、单一维度的教育评价机制，教育工作者应开发多样化的评价模型，不以学生考试成绩作为唯一的评价标准，而应通过人工智能技术采集学生知识、技能、情感、态度、思维和行为等全过程数据，从发展性角度评估学生的努力程度、学习绩效等，关注学生基于最初水平的进步程度，形成纵向比较。这样的评价方法有助于激发学生的内生动力，引导学生德智体美劳全面发展[①]。

第三节　澳大利亚国家教育考试NAPLAN评价报告

一、案例基本信息

案例名称：澳大利亚全国读写与计算能力考评计划

实施时间：2008年至今

---

① 杨宗凯. 利用信息技术促进教育教学评价改革创新[J]. 人民教育，2020（21）：30-32.

主要实施者：澳大利亚课程评估与报告管理局

实施对象：全澳范围内所有学校（包括公立学校和私立学校）的 3 年级、5 年级、7 年级、9 年级学生

相关网址：https://www.nap.edu.au/naplan

澳大利亚全国读写与计算能力考评计划（National Assessment Program—Literacy and Numeracy，NAPLAN）于 2008 年推出，是针对澳大利亚 3 年级、5 年级、7 年级和 9 年级学生的年度评估，旨在衡量澳大利亚学生是否达到了基础教育的水准。该评估每年进行一次，主要考察学生在英语和数学两方面的学习进展情况，具体包括四个方面的内容：阅读、写作、语言规范和数学。2017 年开始，澳大利亚课程评估与报告管理局认识到技术在评估过程中的重要作用，开始逐渐将技术应用于评估过程中。到 2022 年，NAPLAN 已完全转变为基于智能技术的在线评估活动。

二、案例概述

NAPLAN 是澳大利亚国家评估项目的一部分，侧重于对澳大利亚学生基本技能的测试，每年采用统一的方式监测和报告学生的成绩。NAPLAN 自 2008 年开始实施，由澳大利亚课程评估与报告管理局负责管理。通过这项措施，父母、教师、学校、社区、教育局和政府可以确定澳大利亚学生的英语成绩和数学成绩是否得到提升，为他们今后学习其他知识以及参与社区活动奠定了重要基础。

NAPLAN 是唯一可以提供全国范围内关于英语成绩和数学成绩的可比数据的考试计划。澳大利亚学生在 NAPLAN 测试中的成绩是衡量教育体系的重要指标，根据其评价报告，国家、州和地区层面知晓应该如何为澳大利亚学生提供更适切的读写和算数教学，从而使他们的成绩达到国家最低标准。

NAPLAN 提供了有关学生在学校的个人进步以及他们与全国同龄人对比的信息。对于政府来说，NAPLAN 可以提供各地区间横向比较的差距信息，政府可以

根据该信息将教育资金用于最需要它的地区；对于教师来说，NAPLAN 可以提供每个学生的学习结果，教师可以根据这些结果来制定适当的干预策略，以改善学生的学习结果；对于家长来说，NAPLAN 可以提供他们的孩子与全国同龄人相比的结果，家长可以根据这些结果来了解学生当下的学习情况怎么样，处于什么水平，进而帮助学生系统分析成绩；对于学生来说，NAPLAN 可以为他们提供一个展示自己所学知识的机会，学生可以基于这个机会呈现自己的学习结果，向自己、家长、教师交出自己的答卷。NAPLAN 的评估结果使父母和教育工作者能够了解学生随着时间的推移在英语和数学方面所取得的进步，从而为学校、州和地区提供信息，为教育政策制定者提供助力。此外，NAPLAN 的评估结果还可以提供额外的信息来帮助教师对学生的识字、算术水平和进步程度进行专业判断。

NAPLAN 评估是一个典型的计算机化考试案例，充分利用计算机自适应测试的特点为评估活动赋能。该评估在阅读、计算和语言惯例方面采用计算机自适应测试，基于学生已有的考试成绩，提出与学生成绩水平相匹配的问题，以最大限度地匹配学生的个人特点，为学生提供有针对性、个性化的考试内容，从而获得最适切的评估结果。

三、案例实施与推进

（一）实施背景

澳大利亚中小学的经费来源不同于大学，中小学的经费都是来源于地方政府，因此地方政府可以自行决定中小学的考试评价方式，久而久之，各个地方就拥有了各自的评价方式。但这会引发一些问题，首先，不同地区的学生会面临不同难易程度的评价，这对于部分学生来说是不够公平的。其次，各个地区不同的评价方式会给跨地区的学生带来很大的麻烦，如果有学生想跨地区转学，那么进入新地区之后，学生只能依据当地的评价标准重新学习相关内容。此外，大多数国家已经采取了统一的考试评价方式。《澳大利亚青年教育目标墨尔本宣言》（ Melbourne Declaration on

Educational Goals for Young Australians）指出，英语和数学是所有年级学生最基本的学习内容，需要将读写能力与算术能力的评估放在最重要的位置①。在这种背景下，澳大利亚采取统一的读写与计算能力的考试评价方式已经刻不容缓，因此自 2008 年起，NAPLAN 逐渐发展起来。

2010 年以来，NAPLAN 测试结果已在 MySchool 网站②上在线公布，以便不同学校根据其结果进行比较。该网站以学校为单位，发布了 NAPLAN 的年度结果数据，重点比较了某一学校与相邻学校的相关内容。但是 NAPLAN 只能反映学校的排名，不能代替教师对学生的评估，因此教师和家长可以根据 NAPLAN 报告以及其他学校的评估报告，共同讨论孩子的优势和需要改进的领域。

2017 年，NAPLAN 开始逐渐改为在线测试。在线测试具有更大的灵活性，给学生布置的任务也更加多样化。这也将加快教师获取学生成绩的速度，使教师能够更迅速地采取行动。2022 年，NAPLAN 已完全改为在线测试，并充分利用智能技术助力在线测试的实施。除了 3 年级的学生之外，5 年级、7 年级、9 年级的学生都需要在线完成测试。2023 年，NAPLAN 测试在该学年的第一学期进行，学校可以在评估平台完成模拟测试。

（二）实施方案

NAPLAN 的测试内容主要包括阅读、写作、语言规范和数学四部分。

1. 阅读

NAPLAN 阅读测试是根据澳大利亚课程标准来衡量学生英语学习领域的识字能力，该测试的重点是书面英语的阅读能力。对语境中的语言习惯的了解和解释是阅读的一个重要组成部分，许多阅读问题中都会涉及这一点。测试时，向学生提供一系列说明不同写作风格的文本，学生阅读这些文本并回答相关问题。测试包含多

---

① Melbourne Declaration on Educational Goals for Young Australians[EB/OL]. (2008-12)[2023-11-24]. https://www.acara.edu.au/docs/default-source/default-document-library/melbourne_declaration_on_the_educational_goals_for_young_australians_2008.pdf.

② 网址为 https://www.myschool.edu.au.

项选择题和技术强化题，如研究论文、热点话题等。另外，考虑到一些特殊学生的特点，在测试过程中，NAPLAN 主办方还特别为他们提供了无障碍测试，如允许特殊学生使用辅助技术来完成测试，这可能包括文本转语音软件、屏幕阅读器或其他支持工具，以帮助视觉障碍或阅读困难的学生等。

通常情况下，随着学生阅读理解能力的提高，他们会接触到更复杂的文章。学生在每个学年的阅读能力水平不同，因此文章的长度和复杂性也从短而简单逐渐变为长而复杂。学生看到的文章的长度和复杂性取决于他们在计算机自适应测试中的答题情况。利用智能技术为学生量身定制相关的阅读测试，并生成成绩报告衡量模型，这种智能技术赋能的数字环境为阅读测试带来了极大的便利。

2. 写作

澳大利亚的英语课程要求教授学生各种类型的写作，主要有三种类型：想象性写作（包括叙述性写作）、信息性写作和说服性写作。在写作测试中，无论是在纸上进行测试的 3 年级学生，还是在网上进行测试的 5 年级、7 年级、9 年级的学生，所有学生都接受相同文本类型的写作任务。在写作测试过程中，向学生提供一个"写作提示"，要求他们在一个特定的文本类型范围中创作出相应的文本。根据测试日程安排和学生的年级水平，测试会给出不同程度的提示语，这些写作提示会考虑3—9 年级学生的全部能力。

学生的写作由接受强化培训的评估员使用基于智能技术设计的评分量规（指南）进行评分，该评分标准涵盖 10 个维度。每个州和地区的考试管理机构负责其管辖范围内的笔试评分。澳大利亚各地的评估员都使用相同的评分标准，接受相同的培训，并遵守相同的质量保证措施。此外，NAPLAN 还可以对学生的写作进行自动评分，该自动评分系统是基于智能技术设计的评分量规，通过不断地迭代和训练以给出最为准确的评分结果。

3. 语言规范

语言规范主要评估拼写、语法和标点符号。语言规范测试所评估的内容与澳大利亚的英语课程相一致。在评估过程中，智能技术自动化地检测学生的语言常识错误，包括自动检测拼写、语法和标点符号方面的错误，为学生提供实时反馈，帮助学生及时更正自己的错误。

4. 数学

NAPLAN 数学测试旨在衡量学生在数学方面的成绩，包括澳大利亚的数学课程中概述的数学知识、技能和理解。该数学测试对学生的数学理解能力、问题解决能力和推理能力等进行评估，涉及代数、测量、几何以及统计和概率等方面的内容。

数学测试包含多项选择题、填空题和拓展性问题。其中 7 年级和 9 年级的算术测试有两个部分：第一部分要求学生不使用计算器完成相应的计算题目；第二部分要求学生使用计算器完成较复杂的计算问题。智能技术在数学测试中也得到应用，通过技术分析学生的先验知识，进而为学生量身定制测试内容，以有效地评估学生的学习结果。

（三）实施效果

NAPLAN 评估量表分为 10 个等级，等级 1 是最低等级，等级 10 是最高等级。参加过 NAPLAN 的澳大利亚学生，其英语和数学技能应该达到国家最低标准。

学生成绩报告会显示学生在各方面的平均分数、达到国家最低标准的学生所占的百分比，以及在每个领域和年级中取得不同等级成绩的学生所占的百分比。同时，NAPLAN 官网会对参与评估的各州进行横向比较，表 2-2 为 2022 年各州/地区 9 年级学生在阅读领域的成绩[①]。

表 2-2　2022 年各州/地区 9 年级学生在阅读领域的成绩

州/地区	NAPLAN 平均得分（分）	达到国家最低标准的学生所占的百分比（%）
新南威尔士州	580.5	90.2
维多利亚	584.6	91.6
昆士兰州	566.4	86.8
南澳大利亚州	571.3	97.9
西澳大利亚州	585.1	92.2
塔斯马尼亚	566.1	86.7

① NAPLAN National Results[EB/OL]. [2023-11-22]. https://www.acara.edu.au/reporting/national-report-on-schooling-in-australia/national-report-on-schooling-in-australia-data-portal/naplan-national-report#dataset.

续表

州/地区	NAPLAN 平均得分（分）	达到国家最低标准的学生所占的百分比（%）
北领地	521.2	66.1
澳大利亚首都直辖区	590.1	91.6
澳大利亚全国	577.6	89.6

四、案例特点与创新

NAPLAN 的特点和创新之处如下。

第一，可以开展量身定制的智能化在线测试。NAPLAN 在线测试是一种量身定制的测试，可以为学生提供更适合其能力的问题，从而进行更详细的个性化评估。2022 年以来，除 3 年级的学生外，其他所有年级的学生都从纸笔测试转变为在线测试。每个年级的学生都从一组类似的问题开始，根据每个学生的答案正误，下一组问题可能变得更容易或更难，从而让学生在难度递增的试题内容中有更多机会展示他们的能力。同时，在线评估将减少评分以及向学校和教师提供反馈所需的时间，一旦所有学校完成 NAPLAN 在线测试，学生成绩将在之后的几周内返给家长。总体而言，NAPLAN 在线测试能提供更全面的评估、更精确的结果和更迅速的信息反馈。

第二，可以满足特殊学生的需要。NAPLAN 虽然是针对全体澳大利亚学生的，但是也适用于有特殊需求的学生。例如，对于一些来自非英语国家，且英语学习时间不满一年的学生，允许他们不参加测试；而在语音测试时，对于听力有障碍的学生，可以为他们提供不包含音频听写的替代问题，对于使用助听器或人工耳蜗的学生，他们可以使用平时在课堂上使用的专用耳机参加测试；对于低年级学生或有识字障碍的学生，音频文件会附加到写作提示之后，以帮助他们完成测试。总体而言，NAPLAN 通过提供差异化服务，能更好地满足学生的多样性需求，使评估更为全面和公正。

第三，可以生成系统的测试报告。在完成 NAPLAN 测试后，平台会为学生生成一个系统的测试报告，这份测试报告中详细记录了学生的成绩信息。学生可以在平台上自助获取电子版报告，纸质版报告也会及时寄往学生家中，让家长实时掌握学生的学习动态。同时，学校也会与学生家长及时取得联系，共同促进学生学习。此外，这份测试报告是严格保密的，从而最大限度地保护了学生的隐私。

五、案例经验与启示

目前，澳大利亚的评估项目尚未完善，例如，部分人认为这种测试过分注重学生成绩，增加了学生的学习压力。但是，NAPLAN 这种大型教育评价活动所具有的特点和创新之处，对我国具有一定的启示作用。

（一）完善大型基础教育质量监测体系

NAPLAN 的整套检测系统是在州/地区检测系统的基础上逐渐发展而来的，它是一套层级非常分明的大型教育质量监测体系，在国家和州之间建立了标准的工作流程。因此，我国有必要完善大型基础教育质量监测体系，这需要国家、省、市三级协同并进，构建专业的教师队伍，建立标准的工作流程，对不同年级设立清晰严格的等级标准，以此完善我国的基础教育质量监测体系。

（二）形成对特殊学生参与测试的制度规范

NAPLAN 在最大程度上满足了特殊学生的需求，比如，对于有视力障碍的学生，NAPLAN 工作人员会提前保存好相关题目的录音，在测试时播放相关音频，从而让他们顺利参与测试。对于有听力障碍的学生，在学生回答听力题目时，工作人员会提前让学生佩戴好助听器，帮助学生完成相关题目。因此，我国应该形成一套关于特殊学生参与测试的制度规范,尽可能地满足特殊学生的需求,避免给他们带来一些不必要的麻烦,帮助他们顺利完成测试。

(三)构建更贴近生活情境的试题类型

NAPLAN 大多选用具有情境化的试题类型,这样可以让学生利用自身的知识、观念、思想来解决实际问题。例如,将数学知识融入实际应用中,由此考察学生对数学概念、公式、定理等的理解,进一步培养学生应用数学知识解决实际问题的能力。因此,我国在编写试题时应关注试题内容的多样化情境,充分考虑试题内容与现实生活的衔接性,确保学生学习到的理论知识能够与实践应用相互贯通,避免两者脱节。

第四节　美国教育质量追踪考试

一、案例基本信息

案例名称:美国国家教育进展评估

实施时间:1969 年至今

主要实施者:美国国家教育统计中心

实施对象:美国学生

相关网址:https://www.nagb.gov/naep/about-naep.html

本案例展示了一个持续的、具有全国代表性的衡量美国中小学学生各科学习成绩趋势的评估,即美国国家教育进展评估(National Assessment of Educational

Progress，NAEP)，也被称为国家报告卡 (Nation's Report Card)。它是衡量美国学生在数学、阅读、科学和许多其他学科方面成绩的常用指标。目前，NAEP 已经开始由传统的纸笔评估转向借助平板或笔记本电脑开展的数字评估。

二、案例概述

1969 年以来，NAEP 定期在阅读、数学、科学、写作、美国历史、公民等科目中开展，通过收集和报告学生在国家、州和地方各级的表现，对美国教育状况和进展进行评估。为了应对技术带来的课堂教学变革，美国国家教育统计中心 (National Center for Education Statistics，NCES)将 NAEP 从纸笔评估过渡到数字评估。NAEP借助平板电脑或笔记本电脑进行，使用创新技术，让学生全身心参与评估，从而为教育工作者提供了有关学生技能和知识的更有意义的数据。

NAEP 是美国国家教育统计中心的一个国会授权项目，隶属于美国教育部的教育科学研究所。其数据被用于美国国家教育统计中心进行的特殊研究，包括各州评估的能力标准的比较、高中成绩单的分析以及对不同学生群体在不同类型学校中的表现的深入研究。NAEP 主要评价 4 年级、8 年级、12 年级学生在写作、阅读、科学、地理以及其他科目上的学业成绩水平，能够全面了解美国学生在各学科领域的知识和技能。美国国家教育统计中心在每个州开展相同的 NAEP 评估，为教育工作者、政策制定者和家长提供一个共同的关于学生成就的衡量标准，使他们能够直接比较各州和地区学生的表现。

NAEP 的结果报告了全国的情况，大多数情况下也报告了各州的情况，以及参与了城市区域评估试点项目试验区。这些结果以分数和达到不同 NAEP 成绩水平（分为 NAEP 基础、NAEP 精通和 NAEP 高级三个水平）的学生所占百分比的形式呈现。NAEP 的目的不是为个别学生或学校提供结果，而是监测全国、各州、城市区域评估试点项目试验区以及不同学生群体的整体教育进展，包括特殊学生和英语学习者。

三、案例实施与推进

（一）实施背景

虽然教育测试在 1960 年以前在美国被广泛使用，但由于缺少对学生成绩的全国性估计，美国大学测试项目和大学入学考试委员会开始每年报告他们的测试结果。然而，由于这些测试通常是由一小部分被选中的大学申请人参加的，所以平均分数并不能代表整个学生群体。

1957 年，俄罗斯发射了全球第一颗人造卫星，美国的科学优势受到挑战，人们开始迫切关注学校是否为世界培养了足够数量的科学家。出于这种担忧，美国于 1958 年颁布了《国防教育法》（National Defense Education Act）。

对美国学生科学能力的关注导致"人才项目"的产生，该项目对全国中学生进行了大规模的抽样测试，其目的是评估美国学生的才能，该评估需要占用学生三天的时间。当时，许多人认为询问学生的种族是不恰当的，而且在一些州是非法的，所以这个问题没有被问及，因此这项研究无法回答关于种族的问题，而这一问题对探究平等教育机会问题是至关重要的。但后来的跟踪调查设法确定了许多参与评估的学生的种族或民族。

1962 年，肯尼迪（Kenned）总统任命弗朗西斯·基佩尔（Francis Keppel）为教育办公室主任，该办公室当时是卫生、教育和福利部的一部分。凯普尔在讲述这个故事时说道，他到华盛顿后想知道教育专员的职责是什么，于是他查阅了授权成立该办公室的 1867 年法律。他发现，该办公室每年都需要报告美国学生的进步情况[①]。但令他震惊的是，在 1867—1962 年这近一个世纪以来，该办公室从未这样做过。

1963 年 3 月，弗朗西斯·基佩尔向当时的行为科学高级研究所所长拉尔夫·泰勒（Ralph Tyler）询问他应如何衡量学校教育质量的建议。拉尔夫·泰勒很快就作了答复，由此播下了发展 NAEP 想法的种子。在早期，普林斯顿大学的

---

① From The NAEP Primer: A Technical History of NAEP[EB/OL]. [2024-06-07]. https://nces.ed.gov/nationsreportcard/about/newnaephistory.aspx#beginning.

约翰·图基（John Tukey）教授担任这个项目的技术负责人。随着项目的发展，各州教育委员会（Education Commission of the States）负责行政领导。

约翰逊（Johnson）总统签署的《1964年民权法案》（Civil Rights Act of 1964）要求在1966年7月1日提交一份关于教育机会平等的报告。这为另一个巨大的全国性测试——教育机会平等调查（The Equality of Educational Opportunity Survey，EEOS）打开了大门。教育机会平等调查研究的目的是对1年级、3年级、6年级、9年级和12年级的约100万名学生进行抽样测试。为了满足其规定的最后期限，此次调查使用了现成的测试，并根据不同的年级对调查问卷进行了部分修改，最终进行了多达10次的成绩和能力测试，并且没有进行预测试。1965年秋季开展测试，整个测试占用了学生一天的时间。最后得到的报告以其主要作者命名，被称为"科尔曼报告"（Coleman Report）。

教育机会平等调查研究很好地实现了其目的。该调查允许对白人和黑人学生进行区域和国家报告，但不允许对各州进行报告，且只支持西班牙裔、美国印第安人、亚裔和其他学生的全国报告。测试得分仅仅是选择题中的正确答案的数量。校长、教师和学生的问卷允许对学生成绩的相关因素进行调查。

然而，这项调查仍有很大的改进空间。由于一些人不愿意或没有能力参与，最终的样本量只占预期样本量的65%左右[1]。这样的回收率不符合今天的研究标准。衡量抽样误差或测量误差也是一个问题。假设对学生进行随机抽样，计算标准误差是不合适的，因为此次调查采用的是分组抽样，即首先对学校进行抽样，然后对选定年级（1年级、3年级、6年级、9年级、12年级）的所有学生进行测试，在计算估计值的方差时，当时并没有考虑到样本的特点，大的样本量使得即使是非常小的差异也具有统计学意义。相关人员曾考虑使用刀切法，但最终确定其在计算上不可行。另外，教育机会平等调查报告基本上没有对适当的标准误差进行估计。

教育机会平等调查对教育产生巨大影响的部分原因是有一个公共使用的数据磁带。基本数据以一种简单的方式提供给二级分析员，这些磁带被广泛分发和使

---

① From The NAEP Primer: A Technical History of NAEP[EB/OL]. [2024-06-07]. https://nces.ed.gov/nationsreportcard/about/newnaephistory.aspx#beginning.

用。由于参与者以匿名形式参与，所以数据中没有提供识别具体州、城市、学校或学生的变量，但分析者可以合理地推断出这些变量。当时，至少有一份关于 EEOS 结果的不规范的出版物。

20 世纪 60 年代是 NAEP 发展的一个形成期。人们强烈反对任何国家测试项目，理由有很多，特别是认为此是联邦政府对各州权利的潜在侵犯。由于美国宪法中未明文规定教育责任主体，长期以来，人们普遍认为教育是各州的责任。人们认为，联邦考试计划会缩小课程范围，并对各州进行不明智的比较。一些专业组织最初拒绝合作。因此该项目要获得认可，必须谨慎行事。

20 世纪 60 年代迎来了学术能力测试平均分数下降的时代。在 1964 年达到顶峰后，学术能力测试平均分数在接下来的十年内稳步下降。这种下降在 20 世纪 60 年代末尚未被广泛注意到，但在 70 年代成为一个主要问题。这种下降表明，需要一个衡量所有学生成绩的良好指标，而不仅仅是大学毕业生。对这样一个指标的需求极大地影响了 NAEP 的设计。

（二）实施方案

美国国家教育统计中心创建、管理、评估和报告 NAEP 评估的方式很复杂，涉及几个评估设计阶段，分别为制定评估框架，创建评估，学生抽样，为评估日准备、打包和分发材料，管理评估，评分过程，分析并发布结果。其中许多阶段是相互重叠的。这个过程确保了国家报告卡符合测量可靠性、有效性和准确性的最高标准。

1. 制定评估框架

NAEP 框架描述了在每个学科领域应该评估哪些知识和技能。评估框架由国家评估管理委员会制定，用于衡量学生成绩的各个评估问题由国家教育统计中心、教育工作者和专家制定、审查与完善。国家评估管理委员会还开发和管理了调查问卷，将其作为 NAEP 的一部分，以便将评估结果与学生的教育经历相结合。

国家评估管理委员会负责制定作为评估蓝图的框架和测试规范。对于每个框架，国家评估管理委员会与一组学科专家、从业者和普通大众成员（包括研究人员、教育工作者、商业领袖和政策制定者）合作，制定了丰富且严格的课程标准，定义了学生在特定学科中应该掌握和能够做到的事情。为了衡量学生表现的趋势，NAEP 框架必须在长时间范围内都能够适用，所有框架都能够响应国家和国际标准以及课程的变化。

2. 创建评估

国家教育统计中心根据国家评估管理委员会最终确定的框架和规范文件，为 NAEP 制定评估项目。评估项目类型主要包括认知项目和情境问卷两类。

认知项目和情境问卷的项目库建立后，再由内容专家和教师对政治敏感性和偏见进行审查，并由常设委员会评估项目的适当性、代表性和质量。对于背景调查问卷，美国国家教育统计中心将其提交给管理和预算办公室（Office of Management and Budget，OMB）进行审核，管理和预算办公室检查后以确保这些问卷问题符合政府政策。在制定问卷时，NAEP 确保问卷问题以教育研究为基础，并且提供与被评估对象相关的答案信息。问卷的设计也是为了在满足 NAEP 项目的需要的同时，尽量减轻受访者的负担。

评估项目创建完成后，将认知项目置于项目池中，项目池与学生调查问卷一块放在小册子中，再通过如下三个步骤将小册子加载到平板电脑中：首先，测试开发者将评估内容发送给技术团队；其次，技术团队将整个评估的图像（系统、基础和内容）加载到一个软件程序中，并创建一个主图像；最后，图像被加载到成像 USB 驱动器上，以便复制到其他的平板电脑上，为数字评估做准备。

一般来说，被抽中回答两个耗时 30 分钟的认知项目问题的学生还需作答一个耗时 15 分钟的调查问卷（10 分钟的调查问卷内容与被评估科目有关，5 分钟的调查问卷内容为一般信息问题）。从 2021 年开始，被抽中回答三个耗时 30 分钟的认知项目问题的学生还需作答一个耗时 5 分钟的一般学生调查问卷，以及关于评估科目和计算机访问及熟悉程度的调查问卷。

认知项目和情境问卷的项目库创建完成后进行试点测试。国家级试点测试的目的是获得有关项目清晰度、项目难度、时间、可行性和管理后勤方面的信息。根据试点结果对试题进行修改，并按照上述同样的程序对试题集再次进行审查。将最终的测试项目集提交给美国国家教育统计中心和国家评估管理委员会审查及批准。一旦美国国家教育统计中心和国家评估管理委员会批准,该评估就被认为是可操作的。

3. 学生抽样

NAEP 的设计是为了报告国家和州一级以及选定的城市地区的结果,而不要求每所学校的每个学生都参加评估。这是通过使用共同核心数据和私立学校调查创建一个抽样框架来实现的。然后,NAEP 对这个框架中的学生进行抽样调查,这些学生代表了整个国家以及参加城市地区试验评估的各个州和地区的学生人口。

在为 NAEP 选择学校时,涉及六个步骤[①]。第一,学校是根据美国教育部的公立学校系统数据库进行识别的。该数据库中关于学校的数据可能较为陈旧,因此学校数据需经过州教育部的核实。此外,全国范围内的非公立(私立)学校会被选作 4 年级、8 年级和 12 年级的样本。第二,对学校进行分类。学校按地点类型(城市、郊区、城镇或农村)进行分类,然后按种族/民族构成进行分类。第三,排列学校。按照学生成绩的衡量标准(例如,学校在州级测试中的成绩)对学校进行排序,以确保 NAEP 能代表各种学校的表现水平。第四,列出学校。根据地点类型、种族/族裔和学生成绩的排序对学校进行分组并制成列表。构成样本的具体学校是根据地点类型、种族/族裔和学生成绩来排序的。第五,选择学校。美国国家教育统计中心 NCES 根据学校规模比例分层抽取样本学校。对小型学校、少数民族较多的学校和私立学校进行抽样,以确保它们有足够的代表性。如果学校在样本中的参与率低于 85%,则不能报告结果。第六,确认学校。被选中的学校名单会被送到每个州的教育部门以确认资格。学校关闭或没有符合条件的学生将使学校无法被选中。

在每个被选定的学校,从选定的年级(4 年级、8 年级或 12 年级)中随机选择学生参加 NAEP,最多涉及两个科目。无论学生的种族/民族、社会经济地位、是否存在身体缺陷等,每个学生都有机会被选中。

---

① Select the Participants[EB/OL]. [2023-11-22]. https://nces.ed.gov/nationsreportcard/assessment_process/selection.aspx.

4. 评估准备工作

一旦评估结果被加载到平板电脑上，国家教育统计中心就会协调后勤工作，确保国家报告卡、辅助材料和设备准备就绪，并将其交付给评估管理员。准备工作利用了材料分发系统软件，其中列出了运输地址、预定的评估日期、学生姓名、学生的人口统计信息以及供参与者使用的某一科目的所有材料清单等数据。

5. 管理评估

NAEP 由经过培训的 NAEP 代表在学校协调员的支持下对全国的学生进行管理。学生完成一项评估大约需要 120 分钟。评估是由 3—4 名 NAEP 代表组成的团队来设置和管理的。国家教育统计中心提供所有必要的设备，包括平板电脑、手写笔、耳塞，以及一个路由器。学校被要求提供教室、书桌或桌子，并提供电源插座。学校不需要提供互联网接入服务。学生通过一个教程了解如何使用平板电脑和系统工具，以及如何输入他们的回答。通过平板电脑向学生发放调查问卷，并记录他们的学习经验信息[1]。

6. 评分过程

学生在平板电脑上完成评估，NAEP 代表将管理员平板电脑中的响应数据提交到中央服务器，以便可以导出数据进行评分。国家教育统计中心负责监督多项选择题的电子评分，雇佣人工评分员评估结构化问题。国家教育统计中心还负责制定符合评估框架标准的评分指南，招募和培训合格的评分员，并监控评分一致性。

在有限的时间范围内，对大量评估项目进行高水平的、准确和可靠的评分对于 NAEP 的成功至关重要。为了确保这一点，NAEP 采取了以下步骤：第一，制定符合评估框架中划定标准的有重点和明确的评分指南；第二，招募合格且经验丰富的评分员，对其进行培训，并通过资格测试验证他们为特定问题评分的能力；第三，采用图像处理和评分系统，将学生回答的图像直接发送给评分员，以便他们可以专注于评分而不是处理纸质文件；第四，通过持续的可靠性检查（如进行两次评分）监控评分员的一致性；第五，通过 NAEP 评估专家的频繁监测，评估评分员决策的质量；第六，

---

[1] Administer the Assessment[EB/OL]. [2023-11-22]. https://nces.ed.gov/nationsreportcard/assessment_process/administer.aspx.

在技术报告中记录所有关于培训、评分和质量控制的程序。

7. 分析并发布结果

国家报告卡（一份正式的网络报告，并附有相应的数据工具）在发布之前，要对相关评估数据进行处理。这个过程包括对 NAEP 数据的加权、对 NAEP 数据的分析，以及报告的准备和审查等。

（三）实施效果

NAEP 每年都会公布艺术、阅读、数学、协作等学科的评价结果。以数学为例，2022 年，美国对全国、各州、哥伦比亚特区、波多黎各、国防部学校和 26 个参与的大城市地区的 4 年级和 8 年级学生的代表性样本进行了 NAEP 评估。上一次在全国范围内对 12 年级学生进行的数学评估是在 2019 年，旨在衡量学生的数学知识和技能，以及他们在数学和现实世界中解决问题的能力。2022 年，4 年级学生的数学平均分下降了 5 分，低于 2005 年以来所有评估年度的平均分；与 2003 年相比，该年的平均分高出 1 分。与 2019 年相比，2022 年，8 年级学生的数学平均分下降了 8 分，低于 2003 年以来的所有评估年度的平均分。与 2019 年相比，2022 年大多数州/辖区以及大多数参与的大城市地区的 4 年级和 8 年级学生的数学平均分都有所下降。4 年级和 8 年级学生的平均分是根据 NAEP 数学量表报告的，范围为 0—500 分[①]。

四、案例特点与创新

（一）为政策和实践提供信息

NAEP 提供了全国学生成绩的通用衡量标准。政策制定者、教育工作者、评估界和媒体使用 NAEP 来改善美国国家学生教育。NAEP 数据通过以下四种方式为教育政策和实践提供信息：报告不同学生群体的成绩；根据教育经验分析 NAEP 的结果；在

---

① Trends in Mathematics Performance on the 2022 Nation's Report Card[EB/OL]. [2023-11-22]. https://www.nagb.gov/naep/understanding-nations-report-card-2022-trends-research/mathematics.html.

各种会议、活动和博客讨论中促进有关教育的对话，并提供国家报告卡以外的数据分析；为课堂和数据分析提供工具和资源。例如，NAEP 调查问卷数据显示，艾奥瓦州的 8 年级和 12 年级学生比全国同龄人学习高等数学课程的可能性要小[1]。这些信息促使全州数学领导团队（一个由地区教育工作者组成的团队，专注于支持数学教学、评估和专业发展）采取行动，以改善艾奥瓦州学生的数学成绩。

（二）评价过程数字化

今天的学生是数字居民。K-12 教育的教室通常都配备有电脑，数字工具是学习环境的一个组成部分。鉴于技术在教室中的作用日益增长，国家教育统计中心试图将 NAEP 从纸笔评估过渡到数字评估。从 2017 年开始，所有 NAEP 评估都以数字方式进行，即在提供给参与学校的平板电脑上开展评估[2]。相较于纸笔评估，借助平板电脑或笔记本电脑开展评估能够更加精准地测量学生的问题解决能力以及逻辑思维能力。这为教育工作者提供了关于学生知识和技能的更有意义的数据，使评估结果更具可信度和公正性。

五、案例经验与启示

2021 年 3 月，我国教育部等六部门印发的《义务教育质量评价指南》指出，"加快建立以发展素质教育为导向的义务教育质量评价体系，强化评价结果运用，健全立德树人落实机制"。目前，我国尚未形成一套完整且成熟的评价体系，评价结果的应用成效尚不显著。美国 NAEP 是针对中小学生进行的一项长期性的评估计划，已经构建了关于阅读、数学、科学、写作、美国历史、公民等科目的比较成熟的评估框架，其整个发展历程可为我国持续性地在中小学开展评估提供借鉴。

---

[1] Data Informs Policy and Practice[EB/OL]. [2023-11-22]. https://nces.ed.gov/nationsreportcard/about/policy_practice.aspx.

[2] NAEP Digitally Assessment[EB/OL]. [2023-11-22]. https://www.nagb.gov/naep/digital-asssessment.html.

（一）充分利用教育评价数据，监测学校教育教学质量

NAEP 通过开展长期性、多层次以及多地区的教育评估，获取了丰富的基础教育数据。这些数据为美国区域教育治理与决策提供了数据支撑，为学校制定教学计划、教师改进教育教学提供了证据与参考。我国也应充分利用已有的教育评价数据，为我国义务教育高质量发展提供保障。为确保评价结果能够有效反映教学质量，我国应多方面、多层次、多角度地深入挖掘数据，保证数据的可靠性，同时要提高教育管理者对数据的分析和解读能力，从而高效利用数据。

（二）紧跟时代步伐，重视技术创新

NAEP 自实施以来，一直根据时代变化来更新系统和研发技术。随着计算机和数字工具在当今的课堂中发挥越来越重要的作用，NAEP 开始由纸笔评估向数字评估过渡，从而丰富和加深工作者对学生学习现状的理解，同时也为未来评估的发展提供信息。这一转变使 NAEP 能够使用数字平台中可用的工具以新的方式进行测量，能够使用辅助技术为有特殊需要的学生提供更好的帮助，使评估对学生更具吸引力。

第五节　美国大学生学习评估CLA

一、案例基本信息

案例名称：美国大学生学习评估项目

实施时间：2002 年至今

主要实施者：美国教育补助委员会

实施对象：美国大学生

相关网址：https://cae.org/higher-ed/

本案例展示了美国大学生学习评估（Collegiate Learning Assessment，CLA）项目，它是由美国教育补助委员会编制和管理的一项高等教育批判性思维能力评估。该项目利用智能技术开发评估软件，对学生的学习结果进行直接测量，评估学生在批判性思维、分析推理、问题解决和书面沟通等能力上的增值发展，以全方位评估学生的能力。

二、案例概述

CLA 项目选择秋季入学的大一新生和春季毕业的大四学生这两个群体进行测评，通过比较两个群体的得分差异来测评一所高校的学生在大学期间的增值发展。CLA 项目将评估的重点聚焦于"能力"，因为能力可以涵盖所有专业的知识内容。

CLA 项目重点以机构（而不是学生）为分析单位。其目标是对学校的教学以及作为整体的其他项目在某些重要学习成果方面的增值进行总结性评估，评估结束后会向管理者、教师和学生生成评估报告，说明学生目前所达到的表现水平，以及需要进一步开发的一些能力等。CLA 项目本身并没有分析学生的成绩比预期成绩好或差的原因，也没有建议学校应该实施哪些课程，或采用哪些方法来提高学生的成绩。一所学校或机构若想提高学生成绩，必须寄希望于教职员工，通过分析学生成绩，进而确定如何查缺补漏。

智能技术被应用于 CLA 的整个评估过程中。尽管 CLA 的题目是主观题，但完全采用机考的形式进行。整个评估过程都通过一个交互性的网络平台完成，由此实现了无纸化管理。其中，分析型写作的答案由自然语言处理软件来进行评分，执行型任务由训练有素的人工读者进行网络在线评估，主要用来评估学生的批判性思维、分析推理和问题解决能力。整个评估过程充分利用智能技术，以获得更为科学、客观的评估结果。

简而言之，CLA 项目的主要目标是基于智能技术提供增值信息，帮助高校确定他们的学生取得的进步，一些领先的院校也在使用 CLA 来检验其教学项目的效果。CLA 只是学生学习的许多重要指标之一，理想情况下，应将它与其他直接衡量学习成果的指标、间接衡量机构排名的指标，以及其他对国家和公众重要的指标结合使用，以发挥更大的作用。

三、案例实施与推进

（一）实施背景

在美国高等教育史上，有两项联邦法案占据了非常重要的核心地位。1862 年，美国国会通过了《莫里尔法案》（Morrill Act），该法案试图将高等教育机会扩展到美国所有公民，打破大学教育是少数人的特权的观念。后来，随着第二次世界大战接近尾声，富兰克林·罗斯福（Franklin Roosevelt）总统签署了《1944 年退役军人权利法案》（The Servicemen's Readjustment Act of 1944）。此外，在"越战"时期通过的立法进一步为越来越多的美国人敞开了接受美国高等教育的大门。美国的学院和大学为国家培养了新型人才，并帮助培养了国家领导人，使得美国在科学技术以及人文和社会科学领域处于领先地位。

如今，大多数美国高中毕业生还怀揣着《莫里尔法案》和《1944 年退役军人权利法案》中所隐含的美国公民普遍接受高等教育的梦想。然而，帮助他们所有人实现这一梦想却是一个很难实现的目标。尽管美国有着丰富的高等教育历史，但官员、立法者、企业首席执行官、其他商界领袖和许多公民都认识到，美国的大学毕业生如果没有接受过足够的教育，那么将很难在竞争激烈的全球社会中取得成功和居于领导地位。

2000 年夏天，教育援助委员会主席罗杰·本杰明（Roger Benjamin）与纽约卡内基公司分享了他构建一个独特的评估工具的想法，于是，2002 年，CLA 项目正式启动了。

（二）实施方案

CLA 的试题全部为主观题，分为执行型任务和分析型写作。执行型任务的题材均来自现实生活的各个领域，要求学生在 90 分钟内根据一个具体的情境撰写信件、备忘录或类似的文书给同事、上司或公司部门。评估过程在一个交互式网络平台上开展，其中包含一个放有若干文档的文件夹，里面有图表和数据，但是图表和数据鱼龙混杂，有些信息甚至可能相互矛盾，这就考察了学生的自我分辨能力。学生应先阅读和评估所提供的信息，然后整理出有效的证据，综合归纳出结论，从而给出有说服力的解决方案。分析型写作包括两个题型——讨论型任务和评论型任务。讨论型任务要求学生在 45 分钟内根据题干所给出的话题陈述和扩展自己的观点并进行论证；评论型任务让学生在 30 分钟内从所给出的一段文字中辨识和描述其中的逻辑错误，并给出理由。由于每个题型的作答时间较长，CLA 采取矩阵抽样的作答方法。每个学生并不是作答全部题型，而是抽取一道执行型任务试题或两道分析型写作试题。

1. 执行型任务

为了帮助学生更好地完成任务，批判性思维、分析推理和问题解决能力都是必不可少的。在执行型任务中，要求学生综合运用这三种技能，并对其表现进行评估。通过分析学生对信息来源的评估及其作答过程，评价他们在批判性思维、分析推理和问题解决方面的能力，从而根据他们的作答结果得出结论和评估他们提出论点的能力。具体来说，以下是批判性思维、分析推理和问题解决能力所考察的重要方面，CLA 主要基于以下项目对给定任务进行评分。

1）证据评估：学生如何评估证据的质量和相关性？主要包括以下方面：①学生是否确定哪些信息与手头的任务相关或不相关？②学生能区分理性主张和感性主张、事实和观点吗？③学生能认识到证据与题目的相关性吗？④学生能发现别人论点中的漏洞吗？⑤学生是否考虑了所有的证据来源？

2）证据的分析和合成：学生分析、合成数据和信息的能力如何？主要包括以下方面：①学生是否能够陈述他对数据或信息的分析？②学生是否能够认识到论点中的逻辑错误？③学生能够把一个完整的证据分解成几个组成部分吗？④学生是否在离散的数据和信息来源之间建立了联系？⑤学生如何处理矛盾的、不充分的或模糊的信息？

3）得出结论：学生从他们的分析中是否能够得出较好的结论？主要包括以下方面：①学生的论点在逻辑上合理吗？②学生的结论是否为基于数据和信息（而不是基于推测）得出的？③学生是否选择了最有力的数据来支持他的论点？④学生的论证中有优先次序吗？⑤学生是否夸大或低估了他的结论？⑥学生能否找出证据中的漏洞，并提出可能解决问题的额外信息？

4）承认不同的解释/观点：学生考虑其他选项并承认他们的答案不是唯一的程度如何？主要包括以下方面：①学生是否认识到这个问题很复杂，没有明确的答案？②学生是否能够提出其他选项并在决定中权衡它们？③学生在提出建议或方案时是否考虑到所有利益相关者以及受影响方？④学生能否跳出他们的回答，并承认在做出决定时需要额外信息？

2. 分析型写作

分析型写作技巧总是依赖于清晰的思路。CLA 通过要求学生以书面形式解释各种结论的基本原理来衡量他们的批判性思维。在这种情况下，学生的表现取决于写作和批判性思维这两种综合技能，而不是独立的技能。因此，CLA 在评估学生的写作表现时，采用的是整体分数，考虑了写作任务中的多个方面。以下是对分析型写作进行评分时所涉及的主要方面。

1）演示文稿：论点的清晰简洁程度如何？主要包括以下方面：①学生清楚地表达了论点吗？②学生清楚地表达了论点的背景吗？③学生用来为论点辩护的证据是否正确、精确？④证据是否以可理解和连贯的方式呈现？

2）写作结构：结构的有效性如何？主要包括以下方面：①论点的组织合乎逻辑吗，有凝聚力吗？②在论证的过程中有什么没有考虑到的地方吗？③在阐述论点的过程中有没有任何明显无关的因素？④证据以什么样的顺序呈现，是否有助于增强论点的说服力和连贯性？

3）写作说服力：学生对论点的辩护程度如何？主要包括以下方面：①学生提出了什么证据来支持这个论点，提出的证据是否有效？②学生是否从可获得的证据中全面而广泛地得出结论？③学生对证据的分析程度如何？④学生是否会考虑反驳，并指出自己论点中的不足？

4）写作质量：学生的写作质量如何？主要包括以下方面：①词汇和标点符号使用正确吗？有效吗？②学生对语法的理解能力强吗？③使用的句子结构是基本的，还是比较复杂有创意的？④学生是否使用了恰当的过渡？⑤段落结构是否合理有效？

5）写作吸引力：学生如何吸引读者的兴趣？主要包括以下方面：①学生是否使用了有创意和吸引人的例子？②结构句法和组织是否增加了他们写作的兴趣？③学生是否使用了丰富多彩的隐喻、明喻等写作手法？④文章吸引读者了吗？⑤文章是否让读者进行了思考？

（三）实施效果

据官网报告，每位学生完成 CLA 评估之后，平台会生成一份个性化的评估报告[①]。该报告可以帮助学生了解自己当前的技能水平以及可以改进的领域，从而提高学生的学业和职业成就。

该报告中包括学生的总分、在国家和机构中的排名、针对各类型题目与平均分的对比、与国家标准相比当前的技能精通水平以及未来需要着重努力的方向等，全方位报告学生成绩，让学生切实了解自己所处的水平，从而有针对性地进行努力。

对于学生而言，该报告可以提供学生在批判性思维、问题解决能力和书面沟通能力等方面的特征，这将有助于他们在课程中应用他们所学的知识，帮助他们与教师一起制定计划来培养自己的这些特定技能，帮助他们深入了解目前社会中最需要的技能。

对于教师而言，该报告可以为教师提供重要的见解，帮助提高学生的技能，为他们今后在工作场所中取得成功做好准备。教师可以使用该报告提供的数据来培养和提高学生的批判性思维、问题解决能力和书面沟通能力，同时还可以为学生提供额外支持，以及为实现学生未来的职业目标提供建议和指导。

---

① CLA-Student-and-Institution[EB/OL]. (2023-02)[2023-11-22]. https://cae.org/wp-content/uploads/2023/02/CLA-Student-and-Institution-Report-021623.pdf.

对于学校管理人员而言, 他们会收到该报告, 其中包括学校以及他们的学生与全国平均水平的比较情况。学校管理人员利用该报告数据, 通过精准定位技能培养、优化课程设置、设计个性化学习计划、提升学校知名度以及向招聘组织展示学生成果等方式, 不断提升自身的教育质量和影响力, 为学生和教职工创造更加美好的未来。

四、案例特点与创新

(一) CLA 利用智能技术进行测评

CLA 将数量统计和计算机技术、大学生学习和发展的理论研究以及专业组织三者进行有机结合, 基于智能技术开发了评估软件, 从而对学生表现进行评估, 降低了评估者在评估过程中的主观影响, 让评估结果更具科学性和可信度。同时, 表现评估是对学生的行为进行全方位的评估, 智能技术的应用使得这个评估过程更为简便, 不仅可以减小评估者的工作量, 还可以采集到更为真实的行为数据, 从而使评估过程更为顺畅和高效。

(二) CLA 采用直接测量

CLA 不同于其他评估测试, 主要表现在它采用直接测试, 更加重视对学生表现的衡量, 以及重视对学校层面的增值报告。例如, CLA 是一个只包含主观题的测试, 测验中没有多项选择题。与包含多项选择题的测试相比, 主观题测试的一个优势是开放式反应模式有可能在真实世界的测试需求和性能需求之间实现更高的保真度, 保真度是 CLA 设计的一个关键特征。CLA 包括多任务, 因为 CLA 强调模拟学生在真实世界中的表现。CLA 测量的不是一个单一的一维结构, 而是测量几个相互依赖的结构, 这些结构共同影响着学生在现实生活中的表现。更具体地说, CLA 要求学生应用批判性思维、问题解决、分析推理和书面沟通等能力来完成评估测试。

（三）CLA 采纳创新型的批判性思维

CLA 的一个定义特征是评估内容与批判性思维定义中描述的行为类型完全一致，但不仅限于此，CLA 旨在要求学生展示他们执行各种类型行为的技能。例如，在表现任务中，学生必须针对问题提供合理的解决方案，通过对测试材料的批判性评估和分析来证明该解决方案的合理性，然后以书面形式有效地传达他们的决定和推理。CLA 的另一个定义特征是强调增值衡量。实质上，CLA 的结果是以相对于其他学校的进步来表示的。在每个参与机构中，在控制美国高中毕业生学术能力水平考试（Scholastic Assessment Test，SAT）分数差异后，将高年级毕业生的表现与新生的表现进行比较。同时，该增值方法也可以实现将某一学校的增值水平与其他学校的增值水平进行比较。

五、案例经验与启示

CLA 的不断发展对我国高等教育评估具有一定的启发意义，具体如下。

第一，发展增值评价方法。CLA 采用增值评价方法来进行评估，增值评价的"增"，主要体现在增学生全面发展之值。它能够使评价对象全面化、评价模型简易化、评价数据可视化。因此，我国高校在对学生进行评估时，可以让学生在经过一定阶段的学习后，与其起点水平进行对比，发现学生在德智体美劳各方面表现出来的发展与进步程度，从而全方位评价学生，增加评价结果的科学性和可信度。

第二，采用第三方评估模式。CLA 的评估模式是完全由独立的第三方负责的，这种独立于评估者与被评估者的评估模式不但可以减小评估者主观意愿的影响，而且可以带来更为科学精准的评估结果。此外，网络平台也由第三方负责，这就可以大大减轻学校的物力支出，让评估者可以专司其职。同时，由第三方统一负责的评估模式也可以让各大高校之间建立联系，获得一个统一的评估模式，减少不必要的麻烦。

第三，利用智能技术进行网络化评估。一般的大规模评估活动会消耗大量的人力、物力、财力，但是 CLA 的评估完全基于自主开发的平台进行，数据收集、数据分析、数据报告等环节都在平台上直接进行，使整个评估活动更加经济可行，机构、教师、学生都可以更方便地通过平台来获取相应的评估报告。同时，这种基于智能技术的网络化评估方式也在一定程度上解决了评估专家较少的实际困难，为大规模评估活动的开展提供了可能性。

第六节   国际阅读素养进展研究

一、案例基本信息

案例名称：国际阅读素养进展研究

实施时间：2001 年至今

主要实施者：国际教育成就评价协会

实施对象：4 年级学生

相关网址：https://timss.bc.edu/pirls-landing.html

国际阅读素养进展研究（Progress in International Reading Literacy Study，PIRLS）是国际教育成就评价协会开展的核心研究项目之一。该研究测试对象为 9 岁左右的儿童，大致相当于 4 年级学生。该项目计划每五年实施一次全球范围的阅读素养评价，以此来监控儿童阅读能力的发展水平。PIRLS 2021 基于互联网的数字化评价版本——digital PIRLS 来开展智能技术赋能的数字阅读素养评估。

二、案例概述

PIRLS 阅读素养评价于 2001 年正式启动，每五年进行一次，为全球 60 多个国家和地区提供 4 年级学生阅读成就的发展趋势、国际比较以及与阅读教育目标和标准有关的学生能力数据，被联合国教育、科学及文化组织（以下简称联合国教科文组织）认定为"给对监测可持续发展目标进展感兴趣的研究人员、教育工作者和决策者提供了坚实的证据基础"①，是监测教育新政和修订后的教育法规是否影响学生学业成就的重要工具，并为各国改善学生学习和教学成效提供了相关信息。随着信息技术和互联网的迅猛发展，网络生活已经成为人们日常生活的重要组成部分，网络阅读也日益成为学生参与校内外学习生活的重要途径之一。为了与时俱进地反映时代发展的需求，同时也为了更好地了解当下儿童网络阅读和学习的状况，PIRLS 2021 在既有纸质化评价版本的基础上，首次推出基于互联网的数字化评价版本——digital PIRLS，基于网络系统，借助电脑以数字化形式呈现 PIRLS 的阅读文章和题目。本案例也将重点聚焦于 PIRLS 2021，探析智能技术赋能的阅读素养测评，以期从中获得启发。

三、案例实施与推进

（一）实施背景

阅读是基础学科中最基本的技能之一，也是学生发展其他学科能力和个人素养的基础。阅读能力的强弱直接影响到学生的学业成就、职业发展和社会参与能力。因此，评估各国学生的阅读能力及其影响因素对于提高国际教育质量和国际竞争力具有重要意义。PIRLS 阅读素养评价基于阅读理论研究成果

---

① PIRLS: Progress in International Reading Literacy Study[EB/OL]. [2023-11-29]. https://www.iea.nl/studies/iea/pirls.

和阅读素养评价理念，借助教育测量评价技术建构起全面的评价框架，具体包括阅读评价框架、背景问卷框架和阅读评价设计三个方面的内容。2001 年启动以来，国际教育成就评价协会与各参与国家和地区及各相关单位和机构紧密合作，不断致力于 PIRLS 阅读素养评价内容和方法的发展与创新，在保持评价理念和框架结构稳定不变的前提下，每一个评价周期都会结合前瞻性的思考和现实中的需要不断调整、更新测试内容和方式，以期能更好地实现评价的目的。

（二）实施方案

1. 阅读评价框架

基于阅读目的和理解过程，PIRLS 2021 框架为评估 4 年级学生的阅读成绩提供了基础。PIRLS 2021 被公认为全世界小学阶段阅读理解能力的"事实"标准。PIRLS 2021 正在向数字格式过渡（但也将以传统的纸笔格式提供），开发了最先进的用户界面，学生可以自由浏览文本，并激活呈现项目的面板。除了纳入具有互动功能的文本外，PIRLS 2021 数字评估还包括创新的 ePIRLS（electronic PIRLS）任务，作为 2016 年开始的模拟在线环境中评估阅读理解的开创性工作的延续。此外，PIRLS 2021 包括不同难度的段落，所有阅读段落评估结果均在同一成绩表上报告。

基于计算机的 ePIRLS 任务扩展了 PIRLS，以评估学生在互联网环境中阅读、解释和评论在线信息的程度。如表 2-3 所示，PIRLS 的框架集中在两个主要的阅读目的上：文学体验，以及获取和使用信息。在此基础上，PIRLS 评估可划分为四个广泛的理解过程：关注和检索明确的信息，做出直接的推断，解释、整合想法和信息，以及评价和批评内容与文本元素。但是，阅读目的和理解过程并不是相互孤立的，而是与学生的生活和学习环境密切相关的。

表 2-3   PIRLS 的阅读目的和理解过程

维度	内容
阅读目的	文学体验
	获取和使用信息

续表

维度	内容
理解过程	关注和检索明确的信息
	做出直接的推断
	解释、整合想法和信息
	评价和批评内容与文本元素

两个阅读目的和四个理解过程是评估 PIRLS 和 ePIRLS 在线阅读的基础。表 2-4 展示了 PIRLS 和 ePIRLS 的阅读评估中用于每个阅读目的和理解过程的百分比。

表 2-4　PIRLS 和 ePIRLS 的阅读评估中用于每个阅读目的和理解过程的百分比

（单位：%）

维度		PIRLS	ePIRLS
阅读目的	文学体验	50	0
	获取和使用信息	50	100
理解过程	关注和检索明确的信息	20	20
	做出直接的推断	30	30
	解释、整合想法和信息	30	30
	评价和批评内容与文本元素	20	20

（1）阅读目的

PIRLS 评估的重点是为文学体验而阅读，以及为获取和使用信息而阅读。由于这两种阅读目的对年轻学生来说都很重要，PIRLS 包含了同等比例的材料来评估这两种目的。然而，由于许多在线阅读读者是为了获取信息，ePIRLS 任务特别关注阅读以获取和使用信息。

ePIRLS 的评估任务是评估学生获取和使用信息的阅读过程。该任务模拟了互联网上的网站，学生从这些网站上收集信息，使用链接和标签来浏览文本与图片，以完成基于学校的研究项目。这种方法是以实际互联网上的网站为基础的，创造了一个封闭的互联网环境，通过这个环境，4 年级学生可以完成对科学或社会研究主题的在线研究，类似于学校可能要求他们完成的项目或报告。

　　PIRLS 的段落是按其主要阅读目的进行分类的，而附带的问题则是针对这些阅读目的。也就是说，被归类为文学性的段落是有关主题、情节事件、人物和背景的问题，而被归类为信息性的段落则是有关段落中包含的信息的问题。虽然这些段落有不同的阅读目的，但读者在这两种目的下所进行的理解过程是相似的。因此，理解过程在读者阅读所有段落时都得到了评估，包括 ePIRLS 的互联网任务。

　　每种阅读目的往往与某些类型的文本有关。例如，为文学体验而进行的阅读通常是通过阅读小说来完成的，为获取和使用信息而进行的阅读通常与信息性文章和教学性文章有关。然而，阅读目的并不与文本类型严格一致。例如，传记或自传可能主要是信息性的或文学性的，但也包括两种目的的特征。正是在读者和文本之间的互动中，意义才得以构建，目的才得以实现。为 PIRLS 评估选择文本的目的是在每个阅读目的中呈现广泛的文本类型，为参加每项评估的学生创造一种阅读体验，并尽可能地使该体验与他们在学校内外的真实阅读体验类似。

　　（2）理解过程

　　1）关注和检索明确的信息。在这个理解过程中，阅读者从文章中找到与理解文章意思相关的具体信息或观点，几乎或根本不用进行推论便可理解这些信息的意思——它们是很明确的，在文中是直接陈述的，并且存在于文章的表面层次。很多情况下，提取的信息就在文本中，一般包含在一个句子或词语中，读者大多只需关注句子和词语层面，有能力的读者能够自动、迅速地理解所提取的信息。可能体现这种类型的文本处理的阅读任务包括识别和检索与阅读的具体目标有关的信息、寻找具体的想法、搜索单词或短语的定义、识别故事的背景（如时间和地点）、寻找主题句或主旨（当明确说明时），以及识别图形（如图、表或地图）中的具体信息。

　　2）做出直接的推断。一方面，读者从文本中建构意义，要对没有明确陈述的信息或观点进行推论。通过推论，读者可以获得超越文章表面的内容，并且填补文中经常出现的信息空白。一般这些推论是直接的，因为它们主要是源于文中包含的信息，读者仅仅需要联系两个或更多的观点或信息片段便可得出。另一方面，观点可能是明确陈述的，但它们之间的联系并不明确，因此必须要进行推论。直接推论在很大程度上是基于文本的，尽管没有在文中明确陈述出来，但基本上是相对明确的。所以，虽然读者所推论出的内容在文本中没有明确陈述，但是读者所进行的推论受到文本的严格限制。可能体现这种类型的文本处理的阅读任务包括推断一个事件与另一个事件之间的关联、给出一个人物行动的原因、描述两个人物之间的关系，以及识别文本或网站的哪个部分有助于实现特定的目的。

3）解释、整合想法和信息，为了构建对文本更完全和更充分的理解，读者必须能够解释、整合想法信息。在这一过程中，读者要超越词语和句子层面来加工文本，基于文本的内容与信息综合分析，形成观点或想法，或是思考文本所具有的更丰富的内涵。

读者在解释和整合文本中的观点及信息时，往往需要利用他们对世界的认识，在那些隐含的并且基于个人观点进行解释的内容之间建立联系。在解释、整合观点和信息时，读者要比进行直接的推论更多地利用自身的背景知识和经验。正因为如此，通过解释、整合观点和信息所建构的意义在不同读者之间可能是不同的，这依赖于他们在阅读任务中所使用的经验和知识。可能体现这种类型的文本处理的阅读任务包括辨别文本的总体信息或主题、考虑人物行动的替代方案、比较和对比文本信息、推断一个故事发展的基调以及解释文本信息在现实世界中的应用等。

4）评价和批评内容与文本元素。当读者检视并评价内容、语言和文本成分时，他们就从建构意义转换为对文本本身的批判性思考。读者认识到，写作文章是要传达观点、情感和信息的。对文本内容的评价可从整体价值、可信性及其与读者的相关性几个角度来进行。文章的结构和语言特征可从有效性、完整性或使用效果等方面进行判断。可能体现这种类型的文本处理的阅读任务包括判断文本中信息的完整性或清晰性、评估所描述的事件真实发生的可能性、评价作者的论点有多大可能改变人们的想法和行为、判断文章的标题在多大程度上反映了主题、描述语言特征的效果、描述文本或网站中的图形元素的效果、确定文本或网站的观点或偏向，以及确定作者对中心议题的看法。

评价和批评在线文本与印刷文本所需的技能非常相似。然而，由于任何人都可以在互联网上发布各种信息，读者需要对信息来源的可信度做出判断，并辨别文本中的观点、视角和偏见。

2. 背景问卷框架

与之前的评估一致，PIRLS 2021 通过对教育过程中的各种参与者，包括学生的父母和照顾者、学生所在学校的校长，以及他们的阅读老师进行问卷调查，来收集关于学生学习阅读的背景数据。学生自己也完成了一份调查问卷。综合来看，这四份调查问卷为了解学生的家庭、学校和课堂经历提供了信息。基于国家背景，PIRLS 2021 将更新与每次评估一起发布的 PIRLS 百科全书，以描述每个国家的阅读教育方法。与以前的评估一样，每个参与国的代表提供 PIRLS 2021 百科全书的内容。国际教育成就评价协会进行了一项关于国家层面阅读教育政策的调查，描述各国的阅读课程和教学实践，为 PIRLS 百科全书贡献了重要的一章。

PIRLS 2021 调查问卷主要包括以下四个，它们提供的数据可以与每个学生的阅读成绩联系起来。

1）家庭问卷，又名"学习阅读调查"，主要针对的是参加 PIRLS 2021 调查的每个学生的父母或主要照顾者。这份简短的 10—15 分钟的调查问卷收集了关于家庭环境的信息，如家庭中使用的语言、父母的阅读活动及其对阅读的态度，以及父母的教育和职业。该问卷还收集了关于学生"学前教育""小学阶段的早期读写任务"等内容。

2）教师问卷，由学生的阅读教师填写，收集了有关阅读教学的课堂环境信息，如班级的特点、阅读教学时间和教学方法等。该问卷还调查了教师的特点，如他们的职业满意度、受教育水平和最近的专业发展活动。这份问卷大约需要 35 分钟完成。

3）学校问卷，由每所参与学校的校长完成，旨在调查学校的特点，如学生的人数统计、学校规模与氛围，学校对阅读的重视程度以及相关阅读资源的可用性、学校安全管理等。

4）学生问卷，是在所有学生完成阅读评估后发给他们的，收集了关于学生家庭环境的信息，如家里的书籍和其他家庭学习资源；学生的在校经历，包括学生对学校的归属感和他们是否为欺凌的受害者；学生的阅读指导情况。学生还会被问及他们的校外阅读习惯和对阅读的态度。这份问卷大约需要 30 分钟完成。

3. 阅读评价设计

PIRLS 2021 采用基于新的小组适应性的评估设计来进行评估，以包含更广泛的评估难度，更好地定位学生能力的需求。新设计的基础有三个级别的段落难度——困难、中等和容易，不同难度等级的段落最终会被合并成两个级别的小册子。难度较大的小册子由两个困难的段落或一个中等难度的段落组成，而难度较小的小册子由一个简单的段落和一个中等难度的段落组成或由两个简单的段落组成。每个国家都实施整个评估，但两种难度等级的册子的分配随着该国学生的阅读成绩水平而变化。例如，一个平均阅读成绩较高的国家（平均分为 550 分及以上）可以给 70% 的学生分配难度较大的小册子，给 30% 的学生分配难度较小的小册子；而一个成绩较差的国家（平均分为 450 分及以下）可以给 30% 的学生分配难度较大的小册子，给 70% 的学生分配难度较小的小册子。

整个 PIRLS 2021 评估（数字版和纸质版）由 18 篇阅读文章和附带的问题（称为项目）组成，一半内容用来评估以文学体验为目的的阅读，另一半内容用来评估以获取和使用信息为目的的阅读。按照小组自适应设计，将文章和附带问题等比例设置为困难、中等、简单三个级别。在 PIRLS 评估中，每个学生被随机分配给一本测试小册子（或相当于 ePIRLS 的小册子），小册子由两篇文章及其项目组成。在 PIRLS 2021 中，18 篇文章被安排成 18 本小册子，每本小册子包含 2 篇文章，每篇文章出现在两本小册子中，每次与不同的段落配对。同时，为了确保在每个国家进行相同的评估，所有 18 篇文章都在每个国家分发，但根据学生的平均阅读能力，难度较大的小册子所占的比例不同。这是根据先前 PIRLS 评估结果或对首次参与国的实地测试表现来估计的，表现较好的国家按比例抽取难度较大的小册子，而表现较差的国家按比例抽取难度较小的小册子，目标是更好地匹配每个国家的评估难度和学生能力。

（三）实施效果

2001 年开始实施 PIRLS 调查以来，全球范围内 4 年级学生的阅读成绩呈提高的趋势。共有 65 个教育系统参加了 2021 年的 PIRLS 评估，且大多数教育系统都是国际教育成就评价协会的成员，PIRLS 2021 收集了来自约 400 000 名学生、380 000 名家长、20 000 名教师、13 000 所学校的数据。PIRLS 原定于 2020 年秋季在南半球教育系统进行，2021 年春季在美国和其他北半球教育系统进行，但由于新冠疫情及其对学区和学校的影响，美国在 2021 年秋季对 5 年级学生进行了 PIRLS 测试。调查结果显示，美国 5 年级学生在 PIRLS 2021 的阅读量表上的平均分数（548 分）高于 24 个教育系统中同龄人的平均分数，低于 3 个教育系统中同龄人的平均分数。美国 25% 的 5 年级学生非常喜欢阅读，低于 49 个教育系统的学生百分比，高于 6 个教育系统的学生百分比，与 9 个教育系统的学生百分比没有显著差异[①]。

总的来说，通过 PIRLS 调查，各国可以了解自己国家学生的阅读水平和影响因素，并与其他国家进行比较。通过这些数据，各国可以发现自身的教育问题和改进方向，并借鉴其他国家的教育经验和做法。PIRLS 调查项目通过对各国 4 年级学生阅读能力和相关因素的评估，为各国提高教育质量和国际竞争力提供了重要的数据支持和启示。

四、案例特点与创新

PIRLS 2021 具有以下五个方面的特点与创新。

（一）迈向更加数字化的评价方式

作为 21 世纪评价阅读素养的先进方式，digital PIRLS 以一种吸引人的视觉形式呈现各种阅读文本，激发学生阅读、与文本互动，以及回答和理解问题的积极性，提高他们作答反应的有效性；利用计算机评价的优势，极大地提高了翻译及其验证、数据输入和评分等环节的操作效率，并且不需要进行文本材料的打印和运

---

① PIRLS 2021 International Results in Reading[EB/OL]. [2023-11-29]. https://pirls2021.org/results.

输，直接通过网络传送即可；可以与 PIRLS 在 2016 年启动的 ePIRLS 在线信息阅读评价融为一体，实现 PIRLS 阅读素养评价的全数字化变革，减少之前 ePIRLS 需要额外一天进行评价的时间。

（二）测试文本的类型更为多样

随着评价方式向数字化环境过渡，PIRLS 2021 在测试文本的类型上更为丰富多样。在 PIRLS 2021 的测试中，在测试文本中增加了"戏剧"文本类型。同时，在为了获得和使用信息而阅读的文本类型中，PIRLS 2021 也有了一定程度的发展，如信息可以用多种不同的格式来呈现，即使是主要通过文本呈现的信息片段，也有可能包括用于记录事实的表格或用于说明描述的图片；无论是印刷材料还是在线材料，都会通过列表、图片、图形和图示等形式呈现大量的信息；混合型文本虽然并不新鲜，但是随着新媒体和数字文本带来的传播方式和模式的迅速变化，混合型文本也有了新的发展态势。尤其需要说明的是，PIRLS 2021 对电脑视窗下、互联网背景中网站或页面信息模式的呈现方式着重进行了阐释，表明其对 ePIRLS 在线阅读文本类型的高度重视，反映了当下学生在阅读方式上的实际变化。

（三）背景问卷的内容结构更加优化

PIRLS 2021 背景问卷的基本框架和调查对象继续保持不变，但在具体调查的内容和结构上却发生了明显改变。与 2016 年相比，PIRLS 2021 在背景问卷的设计上有三点不同的变化：一是问卷的各部分内容呈现出层级化的结构特点，一个标题统领几个具体的方面，这样在后期数据处理时便于将单个条目的内容合并成相关话题的主题量表，以方便进行后续的数据分析和挖掘。二是问卷内容进行了不同程度的增删、细化和调整，进一步凸显其实效性，如家庭问卷中取消了"早期的计算活动""家庭的阅读支持"等内容，增加了"父母喜欢阅读""学前教育""小学阶段的早期读写任务"等内容；再如，学校问卷中将"学校的位置""受资源短缺影响的教学""学校对学术成就的重视"等内容进行了调整，突出了"学校的规模和城市化程度""阅读教学资源""学校对阅读教学的重视"等范围限定，聚焦更为明确；同时，对"安全、有序、纪律严明的学校"内容进行了细化，具体包括"学校的纪律""安全有序的学校""霸凌"，并且还增加了"学校氛围"这一调查话题，内容更为丰富。三是问卷重心更为关注"家庭""学校"维度，尤其是"学校"扩充的内容最多，所占比重最大，变化也最明显。这种变化一方面是基于前面几个评价周期的已有研究基础，另一方面也体现了 PIRLS 致力于对影响学生阅读素养成就可塑性内容要素的探索研究。

（四）采用群体自适应测试题册设计

为了更好地解决参与国家和地区评估难度与学生成就水平相匹配的问题，PIRLS 2021 的测试题册采用了群体自适应设计。所有参与国家和地区都采用统一的评价内容，使用相同的阅读材料和测试题目，但是不同难度的阅读材料和测试题目在一个国家和地区的分配比例将根据学生的阅读成就水平灵活确定，简而言之，基于难、中、易三个水平等级的阅读材料和测试题目，将其合并成难度较大和难度较小两个不同难度等级的题册。每个国家和地区都使用相同的题册进行测试，但难度较大和难度较小题册的分配比例会随着这个国家和地区学生阅读成就水平的变化而变化。

（五）ePIRLS 和 digital PIRLS 有机整合

PIRLS 2021 首次推出基于互联网的数字化评价版本——digital PIRLS，这样一来可以将其与 PIRLS 在 2016 年启动的 ePIRLS 在线信息阅读评价融为一体，进行无缝对接。作为 digital PIRLS 评价版本的重要组成部分，2021 年 ePIRLS 在线信息阅读评价包括 5 个阅读任务，其中的 3 个阅读任务作为 2016 年 ePIRLS 的一部分已经实施，主要用于学生阅读素养发展趋势的测量，另外两个阅读任务是 2021 PIRLS 新开发的。

五、案例经验与启示

PIRLS 2021 阅读素养评价的最新发展动向为我国中小学的阅读素养教学及评价提供了有益启示，主要体现在四个方面。

第一，应重视数字化阅读素养的培养。随着信息技术的迅猛发展，电脑、手机等数字设备的普及，儿童和青少年有更多的机会进行数字化阅读。与传统的纸媒阅读相比，数字化阅读具有跳跃性、交互性和可扩展性（即读者可以通过超文本链接阅读其他相关网络文本，以获取更多的信息）等特点，在为儿童和青少年学习提供便利的同时，也带来了很大挑战。面对网页呈现的各种纷繁复杂的信息，明确自己的阅读目的并精确定位，有效监控自己的阅读理解过程，评判网页信息的科学性和准确性，以及对多个链接文本的信息进行梳理和归纳，是阅读者在数字化阅读环境中所应具备的基本素养。尽管数字化阅读已经成为一种发展趋势，但在学校教育层面，有关数字化阅读的相关教学和指导却较为匮乏。PIRLS 项目从 2016 年开始测试学生的数字化阅读素养，在全球范围内引起越来越多的教育者对儿童和青少年数字化阅读素养的关注与重视，我国在教育方案制定、学校课程管理、课堂教学实施等环节也应加强这方面的引导和实践。

第二，丰富阅读教学评价文本类型。PIRLS 阅读素养评价将测试文本划分成"为了获得文学体验而阅读"和"为了获取和使用信息而阅读"两种类型，并在 2021 年首次增加了"戏剧"这一文学性文本类型。实际上，PIRLS 阅读素养评价涵盖的文本类型非常多元，包括新闻报告、小说、自传、书信、图片、表格、地图、广告等。相比而言，我国中小学阶段现行的语文教科书和各类有关阅读测试的考试评价中，在文本类型的选用上还不够多元，实用性还不够突出，与社会发展的要求还有一定差距，需要结合语文课程的目标和功能定位，逐步调整，不断优化。此外，戏剧作为一种文学性文本类型，在培养学生审美情趣和艺术品位等方面具有独特的优势，加之戏剧文本本身直接为舞台表演服务，更容易引发学生的学习兴趣。因此，建议在我国中小学语文教学和测试评价中，可以考虑融入戏剧素材，进而探索更为有效的戏剧教学和评价方式。

第三，综合联动构建阅读环境。中小学生的阅读素养会受到多种因素的影响，需要国家、社会、学校、家庭相互配合，协同发力。长期以来，我国小学生阅读素养发展所涉及的国家及社区、家庭、学校、课堂、学生特征与态度等综合背景因素所受到的重视程度不够，这在一定程度上限制了小学生阅读活动的整体性。PIRLS 2021 提供的背景问卷内容更为丰富和精细，也为我们思考如何更好地培育学生的阅读素养提供了一个多维的科学且合理的理论框架。无论是家庭、学校、社会（社区）、国家，都可以从这份框架中获得关于学生阅读指导的重要信息。例如，作为一名学校管理者，要想进一步提高全校学生的阅读素养，除了要重点关注学校阅读环境的打造、阅读课程教学的质量外，还要关注学校资源、学校氛围、学校纪律和安全等多个可能影响学生阅读素养培育的要素。作为一名语文教师，要关注学生对阅读的投入、教师对学生阅读理解技能和策略的培养、班级图书馆的建设和维护、促进阅读素养的课堂评价等，同时还要关注学生在线学习中的数字化阅读指导，加强班级管理和自身的专业发展。总之，只有树立综合、联动的阅读素养培育观念，才能更好地促进青少年学生的阅读素养发展。

第四，积极探索计算机自适应测试评价。计算机自适应测试是基于项目反应理论的一种测试方式，这种测试能自行适应被试的水平，灵活施测与被试能力水平相匹配的题目，实现测试的准确与高效。由于计算机自适应测试具有多种潜在优势，不少国家和地区都已纷纷探索计算机自适应技术在教育监测、人才选拔考试中的应用。PIRLS 2021 测试题册采用了群体自适应设计，提高了测试内容的灵活性、测试学生的积极性和测试水平的匹配性，是 PIRLS 阅读素养评价的一个重大突破。实际上，PISA 国际学生评估项目已经于 2018 年开始引入多阶段自适应测验（multistage adaptive test）技术来测量学生的阅读素养水平。相信在不久的将来，计算机自适应测试技术也会被应用于我国大型的阅读素养评价项目中，以精准测查学生的阅读素养表现。

第三章

教育评价工具不断突破

第一节　韩国K-Edu综合教育平台

一、案例基本信息

案例名称：韩国 K-Edu 综合教育平台

实施时间：2022 年

主要实施者：韩国教育信息系统

实施对象：韩国的教师、学生及教育科技公司

相关网址：www.keris.or.kr/eng/cm/cntnts/cntntsView.do?mi=1188&cntntsId=1334

韩国的 K-Edu 综合教育平台旨在与教育行政系统和教育财政系统一起全面支持教学和学习，发挥国家三大教育信息系统的综合作用，以加速韩国的教育信息化进程。

二、案例概述

K-Edu 综合教育平台计划在韩国的私营部门和公共部门之间创建一个双赢的教育生态系统，致力于构建一个数字化的未来教育系统。具体来说，它的目标是在国家层面搭建混合式综合班级支持系统、智能学习平台、教育分配生态系统和综合教育平台。为此，该综合教育平台将结合各种平台（如混合式班级支持平台、智能定制学习分析平台、内容分发平台等）建设基于云的综合基础设施、学习分析的大数据环境、综合门户网站和综合连接系统。一旦综合教育平台建立起来，用户将通过一次性的综合认证，以单一的登录方式使用所有教育服务；教师将通过综合教育

平台管理和处理班级各项事务，包括学术管理等，甚至可以处理购买教育材料的账单。K-Edu 综合教育平台将会是数字教育革命的第一步。K-Edu 综合教育平台与两大教育系统的基本构成具体如图 3-1 所示。

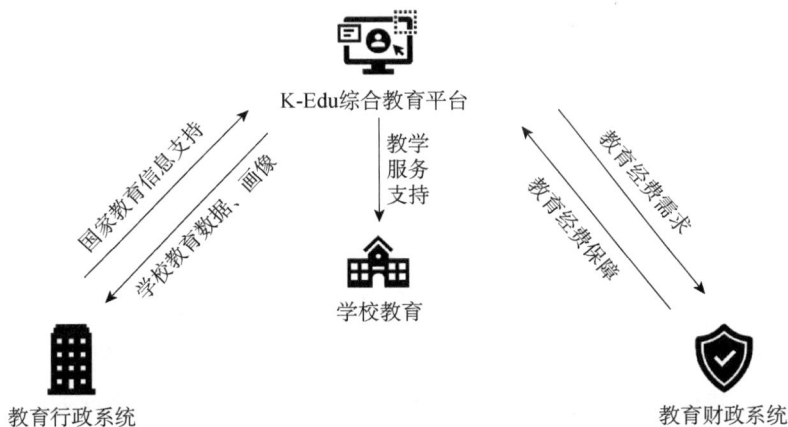

图 3-1　K-Edu 综合教育平台与两大教育系统的基本构成

三、案例实施与推进

（一）实施背景

技术进步是社会发展最根本的推动力，每一次技术革命均有效促进了社会生产力的发展，给人类的生产、工作和生活带来了巨大而深刻的影响。从技术触发的控制结构转变来看，社会发展经历了机械化、自动化、计算机化和信息化四个技术代际。近年来，随着数字技术的发展，信息化发生了向数字维度的飞跃，使得新形式的交互、生产和感知的产生成为可能。在信息化的发展过程中，数字化逐渐成为广义信息化历史进程的重要组成部分和关键性要求。

2020 年，美国高等教育信息化协会提出数字变革"3D"模式，将数字革命的过程分为数字化转换（digital conversion）、数字化升级（digital upgrade）和数字化转型（digital transformation）三个阶段。其中，数字化转换是利用数字技术将信息从模拟格式转变为数字格式的过程，包括信息数字化和信息组织化；数字化升级是以数字技术为支撑，优化组织运作流程和信息管理的过程，包括流程自动化和流程精简化；数字化转型则聚焦于应用数字技术来对组织的活动、流程、模式和能力等进行重新定义，以重塑组织的价值主张，构建发展新生态。数字化转型建立在数字化转换和数字化升级的基础上，是一个多路径、多维度和多层次的组织转型过程，代表了第三次数字革命。

韩国的教育行政系统是教育部、17 个一级行政区划及全国中小学为有效执行教育行政业务而构建的国家教育信息系统。学校及教育机构以国家教育信息系统管理的资料为基础，为提高教育行政工作的效率和满足国民的教育信息知情权做出贡献。韩国的教育财政系统由教育部管理，服务于教育部、17 个一级行政区划以及全国中小学的教职员，是他们在工作中必不可少的系统。

K-Edu 综合教育平台是韩国在教育数字化转型的关键时期所做出的积极探索，旨在构建一种私营与政府公共部门共赢的教育生态系统，与教育管理系统以及教育财政系统共同支持教育发展。该平台强调以混合教育模式为主导，是一个支持智能学习平台、教育分配生态系统的综合平台，成为推动教育数字化转型的关键举措。

（二）实施方案

K-Edu 综合教育平台分为三个阶段：在第一阶段，将系统应用于班级教学，提供教学支持；在第二阶段，将构建分布式系统以及进行数据收集与学习分析；在第三阶段，将全面优化完善且部署综合教育平台。该综合教育平台主要包括以下四个目标任务。

1. 实施混合型综合班级支持系统，支持"未来教育环境"

综合教育平台根据各学校的情况，按功能（视频课、评价、内容利用等）对各学校的线上教育支援中心开发的学习管理系统和学习工具进行组合和利用，国家教育信息系统能够连接学校、教师、学生（儿童）等。该信息系统实现了学习管理系统、学习工具等的集成教育数字一卡通认证（登录）。除此之外，个人学习管理平台中的学习活动历史以标准化的形式存储，即使在更换学习工具时也能通过个人学习管理系统持续管理。

2. 实施智能学习平台，以减小学习者差距

K-Edu 综合教育平台将基于大数据收集与学习者的学习活动有关的数据并进行分类；利用积累的大数据和人工智能技术来分析学习者的兴趣、水平和学习进度，为学习者提供合适的内容和个性化、定制化的服务；利用公共数据管理，通过创建和管理学习者的学习大数据，为教育科技公司提供服务。

3. 实施"公私共存"的教育分配生态系统

K-Edu 综合教育平台在设计上允许私人组织、公共组织和教师创建的各种内容进入平台；能够提供实时搜索服务，为每个班级推荐合适的学习内容；能够提供一个分布式的认证计划，确保提供高质量的内容、学习管理和学习工具，以满足管理不同学院的教育目的和课程需求。

4. 实施"综合行动支持"的国家综合平台

K-Edu 综合教育平台为了保证稳定运行，在设计上支持全国范围内的小学生、初中生和高中生的课程，能够防止因登录、数据处理、安全而产生的负荷；能够支持便携式保存以及云存储，并能够稳定保存学习数据，提高数据的便捷性、访问性；能够支持及时分享和应对故障的发生和处理，通过远程技术支持不同的使用者检查系统问题。

K-Edu 综合教育平台在教育数字化转型的关键时期应运而生，具备以下关键特征，具体信息如表 3-1 所示。

表 3-1　K-Edu 综合教育平台的关键特征

项目	关键特征
1	K-Edu 综合教育平台可通过综合认证访问，无须单独注册会员
2	课堂准备任务，如自动设置班级和以学生活动为中心的课堂环境，都是通过国家教育信息系统联动提供的
3	教师和学生能够在定制的学习支持系统提供的综合学习环境中，通过自由使用班级编写工具和私人及公共内容进行教学
4	通过一个开放的分配系统，私营公司通过提供经过验证的班级（学习）支持工具和内容来支持教学与学习
5	学生的学习历史作为大数据存储在个人云中，并且基于人工智能分析的大数据为教师和学生提供反馈，以支持定制学习

项目	关键特征
6	K-Edu 综合教育平台通过基于人工智能和大数据的个性化学习，准备了一个自我导向的学习系统
7	韩国的教育财政系统通过联系教育科技公司等购买信息，减少学校和教师的工作量

（三）实施效果

韩国 K-Edu 综合教育平台的建立可在一定程度上将教师、学生、教育科技公司以及政府教育部门紧密联系起来。该综合教育平台的应用，使得教师能够更便捷地查看、整合、处理学生的相关数据，并且这些数据大多以对学生的客观记录为基础。该综合教育平台具备自动开班上课的功能，并且支持上传和使用更高质量的班级教学内容，以提高教学质量。对于学生来说，基于 K-Edu 综合教育平台，能够进行课程学习以及解决问题等活动；通过综合管理以及数据收集功能，能够创建个人电子档案袋，记录学生自身学习历程与成就；能够从该平台获取个性化的、定制化的教学内容与指导。借助该综合教育平台，教育科技公司的产品能够得到更全面、精确的推广和传播，并且基于此综合教育平台构建教育科技的生态系统，能够促进教育科技领域的前进与发展；除此之外，该综合教育平台为教育科技公司提供了一个与教育科技软件实验室有关的测试实验环境，从而能够促进教育软件的优化与完善，满足更多使用者的需求。

四、案例特点与创新

K-Edu 综合教育平台具备以下三个特点与创新之处。

第一，基于大数据等技术的智能教育综合平台，以大数据监控及分析平台为多方参与的教育教学活动提供现实依据，形成利用大数据开展学校教学过程监督、诊断、优化和评价的新型治理模式，可实现常态化、全过程监测，能够对异常情况进行预警和干预。

第二,智能化的综合管理系统。一体化智能教学、管理和服务平台消除了系统之间的应用鸿沟和数据鸿沟,让教学过程数据直接服务于管理决策,让教学过程可以高效调用各种服务。

第三,个性化的教育服务。人工智能技术的导入打破了传统以分数为主的单一维度评价机制,全面加强对师生动态数据的感知、采集、分析和监测,为实现对学生综合素质的多维度评价提供了可能。

五、案例经验与启示

我国的智慧教育平台应构建全方位、多维度的评价体系,关注评价内容的全面性。课堂教学的目标是丰富多元的,除了注重学科成绩的提高之外,还应关注学生德智体美劳的全面发展与教师专业素养的提升。因此,我国的智慧教育平台应将多元化的评价内容作为教育评价体系的一部分,在完善评价内容的同时,为课堂教学的目标设立量化标准,使师生对课堂教学目标的理解更为明晰。

我国的智慧教育平台应打通教育系统数据壁垒,在教育系统内部积极发挥其数据整合优势,为师生提供教学全过程中教师教学行为、学生学习行为等多维度的数据,一方面帮助师生更好地掌握在线教与学的情况,另一方面促进师生有针对性地进行自我提升。在教育系统外部,智慧教育平台可以作为一个优质资源的共享平台,使广大教育研究者共享海量的后台大数据,以便研究者从不同的理论研究视角将其与实践数据相结合,明晰我国教育现状,为未来教育数字化转型的前进道路提供新的指导支撑。

我国应引导教师与学生主动求知,探索智慧教育平台的建设。一是要增强教师利用平台进行教研与教学的内部动机。在智慧教育平台上,教师的角色发生了变化,不仅仅是知识的传授者,同样也是平台的学习者,因此要为教师打造体系化的激励系统,吸引教师积极探索平台,从内心真正认同平台对教育数字化转型的引领作用。二是要增强学生利用平台学习的内部动机,学生学习的内部动机的核心成分是求知欲和好奇心，智慧教育平台应当把培养学生对平台学习的内在兴趣放在首位，让他们在平台的学习过程中好学和乐学。

第二节 美国田纳西州增值评价系统

一、案例基本信息

案例名称：田纳西州增值评价系统

实施时间：1992 年至今

主要实施者：田纳西州教育部

实施对象：3—12 年级的学生

相关网址：https://team-tn.org/tvaas/

田纳西州增值评价系统（Tennessee Value-Added Assessment System，TVAAS）展示了美国田纳西州提供的一种更加客观、准确的方法，以此来衡量地区、学校或教师对学生个体或群体学业进步（增长率）的影响，帮助教育系统重新思考如何看待学生的成绩。它的重点是学生随着时间的推移所取得的学业进步，关注的是学生成长，而不是学生的成就水平是否达标。

二、案例概述

为了解决衡量教学质量的不完整问题，田纳西大学诺克斯维尔分校的研究人员开发了 TVAAS 来衡量教师对学生学习的影响。TVAAS 最初是由威廉·桑德斯（William Sanders）博士基于统计分析系统开发的统计模型，其背后的理念是：学校应该在每个学年为每个学生"增加价值"，无论他们的起点是高于、等于还是低于年级水平。TVAAS 认为不应仅利用某个时间点的学业成绩对学生进行评判，学生逐年测验成绩的变化能够准确反映其学业进步情况，这样可以克服单一数据在地区、学校及教师评价方面可能存在的缺陷。

TVAAS 是一种统计方法，同时又是一个强大的工具，图 3-2 为 TVAAS 平台网页登录界面。TVAAS 允许教育工作者考虑学生的成长（学生相对于全州同龄人每年取得的进步）以及他们的成就（他们在年终评估中取得的成就），根据以前学生在标准化评估中的成绩分数来估计学生的学业进步，例如，根据学生进入 5 年级时在数学水平上的表现，TVAAS 尝试衡量学生在第六学年结束时的数学水平。教师的 TVAAS 分数是通过将学生的预测增长与他们在某一学年期间的实际增长进行比较来确定的。

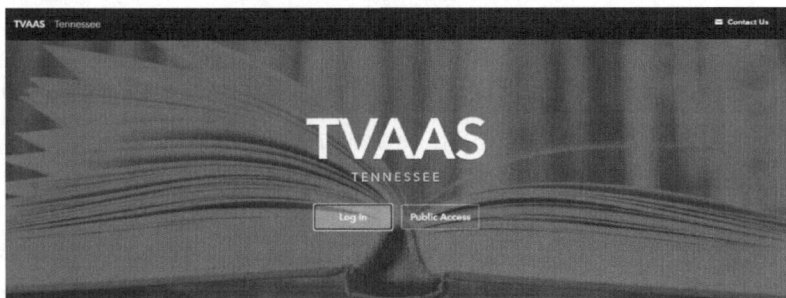

图 3-2　TVAAS 平台网页登录界面

三、案例实施与推进

（一）实施背景

20 世纪 80 年代，美国的学校和学区中可以用来区分有效与无效教学的数据很少。以前的教师评估系统通常由简短且间隔较长的观察组成，使用"满意"或"不满意"等词语进行一般评级。这些教师评估系统对近 99% 的教师打出了令人满意的评分，但学生的成绩仍然很低①，因此田纳西州开始探索如何区分和奖励好的教学。威廉·桑德斯博士和麦克莱恩（Robert McLean）博士设计了一个统计模型（被称为桑德斯-麦克莱恩模型），利用长期收集的学生评估数据，衡量不同教师对学生成绩的影响。

1992 年，美国通过了《教育改进法案》（The Education Improvement Act），认为问责制亟须加强。该法案提出使用增值评估来衡量教师、学校和学区对学生教育进步的影响，要求田纳西州教育部监测学生的学术成长，具体要求其每年估计教师、学校和学区对学生进步的影响②。在此背景下，田纳西州在桑德斯-麦克莱恩模型的基础上创建了 TVAAS，成为第一个通过强有力的统计模型来衡量学生成长的州。1993—2010 年，校长和教师收到了关于他们学校和班级学生成长的信息报告。2010 年，TVAAS 数据被纳入田纳西州的教师评估系统中。

TVAAS 认为，成绩衡量的是学生在某个时间点的表现，与学生的人口统计数据高度相关，将学生的表现与标准进行比较，可以更为精准地评估他们的学业水平；成长衡量的则是学生随时间推移的成长，通常与学生的人口统计数据无关，将学生的表现与学生自己先前的表现进行比较，对于确保学生未来的学业成功至关重要。通过衡量学生的学业成绩和成长，学校和学区将更全面地了解自己在提高学生成绩方面的成效。

TVAAS 不是一个额外的学生测试，而是一个有用的工具。它可以为教师团队提供有价值的信息，为教学决策提供依据；可以向学校领导和教师反馈学生的进步情况，通过对成绩数据的统计分析，揭示学生个体和学生群体在一段时间内的学业进步，并评估学校教育对学生进步的影响；可以使各地区能够在一段时间内跟踪学生的成绩变化，并为学校提供一个关于学生成绩的纵向视图，帮助各地区做出数据驱动的决策。通过 TVAAS 分析，各地区能够看到该报告的结果，并能够从中了解

---

① Understanding TVAAS, Why Student Growth Measures Matter in Tennessee[EB/OL]. (2014-10-31)[2023-11-22]. https://tnscore.org/understanding-tvaas-why-student-growth-measures-matter-in-tennessee/.

② The Education Improvement Act: A Progress Report[EB/OL]. (2004-04-28)[2024-04-27]. https://comptroller.tn.gov/content/dam/cot/orea/advanced-search/orea-reports-2004/2004_OREA_EdImpAct.pdf.

到学生是否真的取得了进步；还能够根据 TVAAS 分析所揭示的内容采取相应行动，为所有学生群体做出相关的教学决策。

（二）实施方案

1. 数据收集

TVAAS 是一个庞大的、纵向合并的数据库，将学生及其成绩与他们所就读的学校和系统以及他们从一个年级过渡到另一个年级时被分配到的教师联系起来。为了探讨学区、学校和教师对学生发展的影响，计算学生成绩的增值，TVAAS 收集了以下三个方面的基础数据。

一是学生通过标准化测试取得的学业成绩。TVAAS 尽可能多地收集并分析具有终结性评价作用的学生学业成绩，如田纳西州综合评估计划（Tennessee Comprehensive Assessment Program，TCAP）在年级末和课程结束时的测试成绩、大学入学考试成绩、大学先修课程的评估成绩等。

二是学生的背景信息。这类信息被用于创建网络应用程序，以帮助教育工作者分析数据，为实践提供信息，并帮助所有学生取得学业进步。学生的背景信息包括姓名、性别、出生日期、身份证号、种族、是否接受非特殊教育、是否为移民身份、是否为英语学习者等。

三是教师信息。在计算教师增值分数之前，田纳西州的教师需要进行名册核查，以确认自己与学生在某一学年内的对应关系。教师信息通常包括教师姓名、教师执照号码、教师所教的学生信息、所有州级 TCAP 成就、任职学校所在地区和学校信息、教学时间、教学出席率等。

2. 数据整合分析

TVAAS 将收集的海量且高质量的相关数据整合、汇总起来，通过一个强大的、专门的统计模型来衡量学生的成长，并将其与授课教师、学校和地区等因素联系起来，通过纵向数据的比较，了解学生的学业进步情况；通过横向数据的分析，确定影响学生成绩的因素及其影响程度。

TVAAS 对学生成长的衡量不同于对学生成绩的衡量。成绩提供了一个与学科和年级标准相对比的关于学生学习水平的即时快照，成绩水平反映了一个学生是低于、达到还是超过了标准所规定的期望值。成长提供了一个不同但同样重要的学生学习指标,通过增值计算来评估学生的学业增长,可以看出学生通过学习在一年内是否取得进步或者取得了多少进步,即使学生没有取得足够的进步以进入一个更高的成绩类别,这种进步仍然可以通过一个增长指标来说明。

由于学业增长是根据每个学生在州评估中的表现来计算的,TVAAS 可以提供一个基础来确定教师对学业增长的贡献,增值数据表明教师对学生学习的贡献有多大。在每个学年结束时,教师会收到一个 TVAAS 综合得分,介于 1 级(低于预期)和 5 级(高于预期)之间,这一得分基于教师所教班级学生与全州类似学生在学业上取得进步情况的对比,具体表现为更多、更少或大致相同的进步。教师的增值数据会被纳入整体评估中,作为一个特定学科领域和年级增值分数的综合体现。许多关于教师评价的研究都集中在某一年的评估上,其中一些采用的是简单的增值或增长模型。然而,TVAAS 的教师增值估计是基于稳健的统计方法报告多年的平均数,该方法提供了可靠的教师估计值,教育工作者可以将其用于各种教育政策的制定。

田纳西州的多指标教师评估系统的权重平衡了课堂教学的表现和教学效果。课堂观察仍然至少占评价的一半,对于英语、数学、社会研究和科学教师来说,学生的学业数据构成了评价的另一半:TVAAS 指标占 35%,由教师选择的学生成绩指标占 15%。相比于任何单一的衡量标准,结合学生成长的衡量标准、课堂观察的结果,以及其他学生表现的衡量标准,可以帮助教师更全面地了解自己的优势和不足之处[①]。

3. TVAAS 报告

TVAAS 报告是对不同的测试变量进行分析的结果,以产生对学生在一段时间内的进步和教学效果的精确、可靠估计,包括学校报告、地区报告和比较报告。学校报告提供了田纳西州所有学校的学术增长,可用于单个科目、年级和年份的报告或者采用综合形式的报告;地区报告提供了田纳西州所有地区的学业增长情况;比

---

① Policy Brief: Understanding TVAAS—Student Growth Data and Tennessee's Teacher Evaluation System[EB/OL]. (2017-03)[2023-11-22]. https://tnscore.org/wp-content/uploads/2018/10/TVAAS_PolicymakerBrief2017.pdf#:~:text=What%20is%20TVAAS%3F%20provides%20an%20accurate%20account%20of,important%20points%20of%20comparison%20to%20understand%20teaching%20effectiveness.

较报告则提供了田纳西州所有地区和学校的增长指标，这些信息可用于比较全州的学校和学区。此外，该报告还包含了交互式功能，方便用户根据兴趣选择特定数据进行深入分析。

在完成 TVAAS 报告的过程中，最多使用学生过去五年的成绩数据来预测其未来的学业表现。例如，当阅读、数学、科学和社会研究的成绩数据可用时，未来的数学成绩将根据学生过去在所有四个领域的成绩来估计。学生群体的增值信息为学校和学区教育教学的有效性提供了指示，而不是通过考察静态的学校表现来推断学校的有效性。

TVAAS 提供了两种类型的信息：学生队列的增值或增长数据和学生水平的预测数据。增值或增长数据分析使用的是前几年的可用数据（回顾），以帮助学校通过回答以下问题来评估学生群体在一个学年中获得了多少收益：一组学生是否通过一年的学校教育取得了进步？预测数据使用已经分析的数据帮助学校通过回答以下问题来预测（展望）未来：学生通过未来年级期末考试、课程结束考试或大学准备考试的可能性是多大？预测数据可用于干预规划和资源重新分配。

案　例

约翰逊城自由之钟中学的 8 年级科学老师克里斯·鲍文（Chris Bowen）借助 TVAAS 改善其教学。

当州政府部门通过电子邮件发送 TVAAS 教师报告的通知时，克里斯·鲍文老师会收到一条短信或校长的电话。登录 TVAAS 网站后，教师可以查看所在学校和学科领域的综合得分。TVAAS 的条形图表明了学生的年度学业增长情况，分为最低、中等和最高三个分组，如图 3-3 所示，克里斯·鲍文老师据此能够比较所教学生今年的增长情况与前一年的增长情况，了解学生的成长情况。这样的比较使克里斯·鲍文教师能够清晰地看到其教学在哪些学生身上产生了显著影响，进而利用这些信息优化下一年的教学策略。如果一个特定的分组没有达到预期的增长，克里斯·鲍文老师就会主动与其内容领域的小组、学术导师或校长会面，制定个人计划，以满足未来的学习需求。最后，点击每个分组的"增长"栏下的超链接数字，会出现该分组的学生名单，每个学生的正态曲线等值（normal curve equivalent，NCE）分数和表现水平也都会显示出来。在这所注重数据驱动的学校里，自由之钟中学的校长积极组织教师召开专题会议，深入探讨 TVAAS 数据。教师还在小组内容会议上共同分析累积分数，这些讨论在安全、富有成效的会议环境中进行，催生了一系列具有针对性的教学策略和见解。克里斯·鲍文老师深信，通过结合使用 TVAAS 网站以及围绕数据和教学策略的深入讨论，他在教育工作中取得了显著的成长和成就。这种数据驱动的教学方式不仅提升了教学效果，也推动了他个人的专业成长。

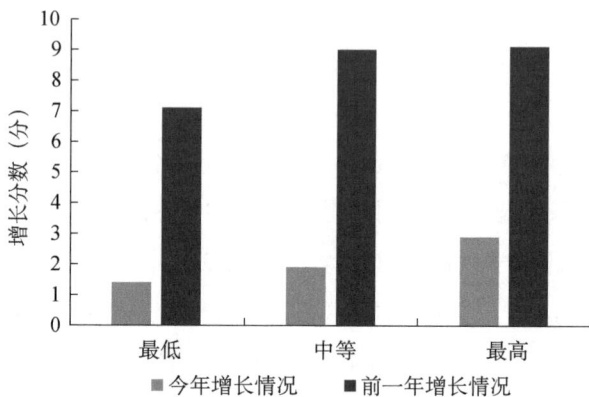

图 3-3   学生的年度增长情况

（三）实施效果

2016 年，有 46 个州实施了多衡量标准的教师评估系统，其中一些反馈与田纳西州非常相似。根据 2016 年与 2012 年对田纳西州教师的全州调查数据（图 3-4）的比较，我们可以看到明显的变化。具体来说，2016 年，超过 70% 的教师认为该州的评估系统带来了教学上的改进，这一比例相较于 2012 年的 38% 有了显著提升。同样，2016 年，有 66% 的教师认为评估过程促进了学生学习的改善，这一数据相较于 2012 年的 28% 也有了大幅度的提升。这些结果反映出教师普遍认为该评估系统提供的信息可以改进教学和改善学生学习。在田纳西州，约有 48% 的教师负责教授 TVAAS 的测试科目，并且通过 TVAAS 系统为学生提供了个性化的学业增长得分①。

---

① Policy Brief: Understanding TVAAS—Student Growth Data and Tennessee's Teacher Evaluation System[EB/OL]. (2017-03)[2023-11-22]. https://tnscore.org/wp-content/uploads/2018/10/TVAAS_PolicymakerBrief2017.pdf#:~:text=What%20is%20TVAAS%3F%20provides%20an%20accurate%20account%20of,important%20points%20of%20comparison%20to%20understand%20teaching%20effectiveness.

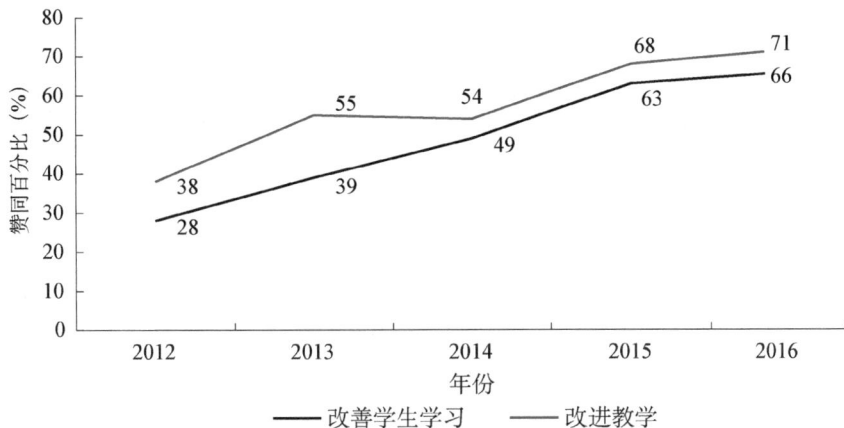

图 3-4　田纳西州教师对 TVAAS 的态度调查

近年来，田纳西州在学生成绩方面取得了历史性的进步，创造了学术进步的纪录。根据国家报告卡的结果，2017 年，田纳西州 4 年级学生的科学成绩排名在前 20 位，8 年级学生的科学成绩和 4 年级学生的数学成绩排名均在前 25 位，学生的学习成绩已经上升至各州的前列①。

四、案例特点与创新

TVAAS 赋予了教师逐年评估学生学业成长的能力，使他们认识到不应仅使用一项测试或评估来确定学生的学业水平。该系统经过多年丰富与完善，有其自身特点与创新之处。

一是以学生为中心。我们应当综合考虑教育实践、课堂课程、教学方法和专业发展等多重因素来衡量学生的成绩，同时也应密切关注所有学生群体从低分到高分的成长过程，确保每位学生都拥有公平的成长机会。基于这些数据驱动的洞察，我们应做出明智的决策，将资源集中在最能促进学生成长的关键领域，以帮助他们

---

① Policy Brief: Understanding TVAAS—Student Growth Data and Tennessee's Teacher Evaluation System[R/OL]. (2017-03)[2023-11-22]. https://tnscore.org/wp-content/uploads/2018/10/TVAAS_PolicymakerBrief2017.pdf#:~:text=What%20is%20TVAAS%3F%20provides%20an%20accurate%20account%20of,important%20points%20of%20comparison%20to%20understand%20teaching%20effectiveness.

实现更大的进步，并在更高层次上展现自我。此外，我们还应不断调整和优化教学策略，以满足不同学生的个性化需求，确保每位学生都能接受到适合自己的教育。

二是加强了对教学质量的关注。TVAAS 系统进一步推动了教学领域的专业化进程，并在提升学生成绩方面展现了更为广阔的前景。一个功能强大的教学评估系统，能够确保教师获得持续改进所需的深刻洞察力。与此同时，结合教师的观察，学生的成绩和成长指标成为衡量教学效果的关键依据。随着教师教学方法的不断改进，学生的成绩也将实现稳步提升，进一步彰显教学的成效。

三是以数据为基础。TVAAS 数据与课堂观察相结合，可以为教师提供信息，帮助他们识别需要获得额外支持的学生，并为教学策略提供参考，有助于教师反思自身的教学工作。这种基于证据的自我反思可以使教师看到自己在某些内容领域和某些学生群体中的优势及劣势。TVAAS 数据也为学校和地区领导提供了关于学生整体学术成长的关键信息，有助于指导教师安排学校和地区的优先发展事项。例如，TVAAS 数据可用于确保高水平教师在学校之间和学校内部公平的分配。这些数据可以帮助行政人员和地区建立系统的激励机制，从而为难以招到人员的学校吸引和留住高水平教师。

四是多方力量合作。增值评价的实施较为复杂，需要专业人员乃至专业公司协助对相关数据进行收集、处理、分析及解释。TVAAS 在最为关键的领域进行协调，与可能产生不同增长结果的其他地区或学校建立联系，确定最佳实践并实施最能满足学生需求的计划。同时为推广 TVAAS，田纳西州加强联邦和州级政府的两级联动，并与 SAS（Statistical Analysis System，赛仕软件）公司开展了合作①。

五、案例经验与启示

教育评价是教育现代化发展和教育改革的指挥棒，当前我国正处于教育评价改革的关键期，TVAAS 为我国带来了丰富经验和启示，值得我国学习和借鉴。

---

① Technical Report for the Effectiveness Study, 2014-15 Commissioned for the Tennessee Teacher Quality Reforms [EB/OL]. (2015-12)[2023-11-22]. https://www.tn.gov/content/dam/tn/stateboardofeducation/documents/teacherprep/Appendix_ B-_SAS_Technical-Report.pdf.

第一，改善和优化评价系统。人才的培养不是单方面的，而是综合的。根据分数和成绩对学生进行排名的方法，不应该被用来判断一个人是否为一个好学生。如今我国教育评价改革需要面向未来教育发展，转变单一的教育评价模式，在教育评价改革实践中积极探索增值评价，使其成为改善教学的一个更好的手段。

第二，进一步推进数据赋能。TVAAS 通过增值数据确定个别学生的成绩，这有助于显示每个学生在整个学年的学业成长情况，帮助教师确定哪些策略最有利于学生的成长。未来我国应深入挖掘数据潜力，收集足够的有效数据，对学生学业成绩数据进行横向和纵向的分析，借助数据进行科学评价，满足学生个体纵向发展、学生群体横向比较的过程性评价需求。

第三，转变教育评价目的。目前，我国的教育评价仍主要以学生的最终学习结果为依据，注重升学率，难以真正展现学生的实力和体现学生的进步情况及发展进程。因此，在推动教育改革的过程中，要注重教育评价目的的转变，关注学生的进步和发展，而不仅是关注他们在某一刻取得的成就，及时对学生、教师等进行干预，为学校、政府等提供教育问责的证据支持。

第四，多方联动与保障。增值性评价是一种专业程度较高、需要基于大数据和专业统计方法来实施的评价方法，其推广和实施不仅需要财政支持，还需要教育行政力量的保障。田纳西州在推广增值性评价的过程中，联邦和州两级政府联动并投入了足够的经费。因此，我国要加强学校和教育相关部门及多方力量的合作，为教师提供不同的专业学习支持，帮助他们在学校中使用增值评价系统。

第三节　美国教育考试服务中心电子写作测评工具 E-rater

一、案例基本信息

案例名称：美国教育考试服务中心电子写作测评工具 E-rater

实施时间：1999 年至今

主要实施者：美国教育考试服务中心

实施对象：参加美国教育考试服务中心考试的考生

相关网址：https://www.ets.org/erater.html

本案例展示了美国教育考试服务中心（Educational Testing Service，ETS）在 20
世纪 90 年代研发的电子写作测评工具 E-rater（Electronic Essay Rater）。E-rater 被用
于 GRE（Graduate Record Examination，美国研究生入学考试）和托福考试等研
究生招生考试的作文评估部分，主要提供关于语法、用词、格式、语言风格等
语言特征的描述性反馈。

二、案例概述

E-rater 是由 ETS 开发的作文自动评分系统，旨在为 ETS 的在线英语写作培训
系统提供分数报告和诊断反馈。该系统采用自然语言处理技术和人工智能技术，通
过识别文本中特定的词汇和句法线索来分析文章，并通过提供自动评分和反馈来
评估学生的论文写作能力。考生的最终成绩不仅由 E-rater 决定，还需要结合 ETS
培训教师给出的评分结果，当 E-rater 和 ETS 阅卷人之间的评分差异超过 1 分时，
再由一名 ETS 阅卷人进行阅卷。这种将自动化和人工论文评分相结合的方法提高
了评估分数的可靠性。

E-rater 的第一个版本于 1999 年 2 月投入运行，对 GMAT（Graduate Management
Admission Test，研究生管理科学入学考试）中的综合写作和独立写作两部分进行评
分。ETS 作为托福考试主办方，一直致力于研究自动评分系统，并倡导为核心考试
提供专业评估服务。ETS 正在不断开发和改进 E-rater，旨在提高 E-rater 的自动评分
能力，以便更好地识别和评估论文中的论点结构，以及评估学生在写作中对语言的
创造性使用情况。

三、案例实施与推进

（一）实施背景

ETS 发现，以文章写作水平去评判应试者能力时，倘若只通过一篇文章或者每篇文章只有一位读者对其进行打分，并不能保证对应试者能力评判的准确性。这一问题的解决方法是让应试者写两篇文章，以及让两个及以上的人阅读文章，并对其进行打分，但这会导致评分成本很高。ETS 每年都会为一些涉及写作的考试举行大规模的集体阅卷活动，这需要将一小批教育工作者召集到一个地方，让他们阅读一篇又一篇的文章并进行评分。即使把这样的阅卷体系搬到网上，也需要对每个评分人员进行数小时的培训，并为他们提供后勤保障。仅为这一阅卷体系招募评分人员，就是一项非常艰巨的任务，因为合格的人相对较少，并且他们的日常工作也非常忙碌。不仅如此，聘请评分人员的费用还是一项巨大的开支，不仅需要支付他们的工作时间费用，还要为线下评分人员提供餐旅费用。

因此，ETS 投资并开发了自动论文评估工具 E-rater。E-rater 进行评分后，对于同一篇文章而言，通常只需要一个人工评分员参与打分，只有当人工评分员与 E-rater 的评分出现 1 分以上的差距时，才需要第二位人工评分员的加入，这大大缓解了对阅卷人员需求的压力。

（二）实施方案

E-rater 利用人工智能技术和自然语言处理（natural language processing，NLP）技术来评估学生文章的写作能力，提供自动评分和反馈。该系统会针对作者的语法、词语使用和复杂性、风格、组织等方面提供详细的反馈。在以上分析的基础上，E-rater 基于写作的质量（包括组织、清晰度和提出的观点的一致性）给论文打分，分数范围通常为 1—6 分。最终的分数会被传递给用户，同时也会为用户反馈需要改进的地方和进一步发展的建议。总的来说，E-rater 旨在对书面作品进行客观和一致的评价，以便教育工作者与学生能够快速和准确地评估写作技能。

E-rater 评分过程主要包括以下几个步骤。

1）文本预处理：系统首先对文本进行预处理，包括去除标点符号、转换大小写、去除停用词等操作，对文本进行清洗和归一化，使得文本更易于处理。

2）特征抽取：系统根据预设的语言特征模型，从文本中提取出一系列特征，如文法、词汇、语法、连贯性、段落结构等，这些特征可以反映学生的语言水平和表达能力。

3）特征加权：系统利用预先训练好的模型，对每个特征进行加权处理，并结合其他特征得到一个综合评分。

4）分数计算：根据加权得到的分数，系统通过一定的算法计算出最终评分，比如，将各个特征分数相加或者取平均值等。

5）校准和调整：E-rater 评分机制还会根据一些人工设定的规则对得分进行校准和调整，以保证评分的公正性和准确性。

最终，E-rater 评分机制将自动给出一篇文章的评分，同时结合其他评分机制（如人工评分）和一定的标准化处理，最终给出作文的成绩和等级。

案　例

E-rater 可被用于 GRE 考试中。GRE 作文的评分过程比较复杂，因为它同时涉及人工评分员和计算机评分员。每篇文章首先由训练有素的人工评分员进行评分（分析问题和分析论点），评分范围为 1—6 分。用于文章评分的标准是全面的，这意味着不会因为文章的某部分错误减分，而是依据文章整体的质量进行评分。

人工评分过的文章接下来会被传输到 E-rater 进行再次评分，E-rater 程序会根据可量化的指标对文章进行评分，如词汇难度、句子结构、文章长度（字数和段落数）等。由于编写一个能根据内容判断文章质量的程序相当困难，所以应试者很有可能用一篇使用高级词汇的长篇离题作文来骗过 E-rater。此时，人工评分员显得尤为重要。如果人工评分员和计算机评分员的评分结果高度一致，那么二者分数的平均值就是学生在作文写作任务中获得的分数。然而，如果这两个分数不一致，那么就会有第二个人工评分员来评分，最后的分数是这两个人分数的平均值。因此，如果学生试图写一篇离题的文章，就会被人工评分员发现，并且会有第二个人工评分员再次进行评分。

两篇文章都被 E-rater 和人工评分员打分完毕后,学生的 GRE 写作总分就会被计算出来。具体要根据学生在问题任务类作文和论证任务类作文上的分数,对两者求平均,从而得出一个最终的分析性写作分数,评分范围为 0—6(增量为 0.5)分。例如,如果学生在问题任务类作文上的得分为 4 分,但在论证任务类作文上的得分为 5 分,那么他的 GRE 写作总分就是 4.5 分。

ETS 对问题任务类作文和论证任务类作文不同分数段的划分依据进行了详细描述,表 3-2 展示了问题任务类作文分数段划分依据[①]。

表 3-2　问题任务类作文分数段划分依据

分数水平	概述	具体标准
6(优秀)	对问题进行了有说服力的、良好的分析,并巧妙地表达了意思	根据分配的任务,针对问题阐述一个清晰而有见地的立场; 以令人信服的理由和有说服力的例子充分阐述立场; 持续进行重点突出、条理清晰的分析,有逻辑地将各种观点联系起来; 使用有效的词汇和句子多样性,流畅而准确地表达观点; 对标准的书面英语惯例(如语法、用法和流畅度)表现出卓越的能力,但可能有小的错误
4(足够)	对问题进行了有效的分析,并能够清楚地表达自己的想法	根据分配的任务,针对问题阐述明确的立场; 用相关的理由和例子来阐述立场; 重点突出,条理清晰; 对语言进行充分控制,以可接受的清晰度表达观点; 总体上表现出对标准的书面英语惯例的控制,但可能有一些错误
2(严重缺陷)	基本上无视具体的任务指示,在分析性写作方面表现出严重缺陷	在处理具体的任务指示和提出观点方面不清晰或问题严重,甚至两者都存在问题; 为支持其主张而提供的相关理由或例子很少(如果有的话); 重点不突出或组织不严密; 语言和句子结构存在严重问题,经常影响文章所表达的意思; 存在严重的语法、用法错误

[①] How is the GRE Essay Scored?[EB/OL]. (2016-12-12)[2023-11-29]. https://www.prepscholar.com/gre/blog/gre-essay-scoring/.

（三）实施效果

E-rater 使用真实考试评分标准，从英文语法、用法、风格和文章结构等多个维度帮助学习者提升写作技能，并为学习者提供快捷、整体、即时的权威反馈，大大节约了学习者的备考时间和资源。E-rater 可以在短时间内快速评分，提高评分效率，减少人工评卷的工作量，并使用高级算法与语言模型检测和纠正语法、拼写、标点符号等方面的错误，提高评分的准确性。E-rater 还能给出语言上的优化建议，帮助学生找到自身写作的不足之处和改进方向，从而进一步激发学生的写作兴趣和热情。在信度上，E-rater 与人工评分之间的一致性高于 97%，由此说明 E-rater 的信度相对较高[1]。2021 年 7 月至 2022 年 6 月，全球约有 34 万名考生参加了 GRE 考试[2]，约有 12 万名考生参加了 GMAT[3]，E-rater 在这些考试的作文评分方面发挥了巨大作用，节约了阅卷时间，减小了人力不足的压力。

四、案例特点与创新

（一）数据驱动评分更具准确性

E-rater 是一个自动化评分系统，可以快速、准确地评估大量的作文，节省人力成本和时间。该评分系统的评分机制是采用综合评估的方式，通过对多个语言特征进行加权处理，得出一个综合分数，以更加准确地反映作文的质量。E-rater 基于数据驱动的方法，通过学习已评分的作文来训练自身评分模型，从而更加准确和有效地对作文进行评分。其评分结果具有较高的准确性和可靠性，与人工评分的结果高度一致。

---

① 宁美华. 国内外自动作文评分技术对比研究——以 E-rater 和批改网为例[J]. 校园英语，2020（20）：11.

② A Snapshot of the Individuals who Took the GRE® General Test: July 2018-June 2023[EB/OL]. [2023-11-22]. https://www.ets.org/pdfs/gre/snapshot.pdf.

③ Profile of GMAT™ Testing 2022[EB/OL]. (2022-12)[2023-11-22]. https://www.gmac.com/-/media/files/gmac/research/gmat-test-taker-data/profile-of-gmat-testing-citizenship-ty2018-ty2022.pdf.

（二）模块化架构更具灵活性

E-rater 应用程序目前有五个主要的独立模块。其中三个独立模块用于识别评分指南中规定的句法、话语和主题相关特征。每个特征识别模块都会识别出与评分指南相对应的特征，这些特征具体包括句法的多样性、思想的组织和词汇的使用等，可以与论文分数相关联。第四个模块用于选择和加权预测特征，以进行论文评分。第五个模块用于最后的分数分配。所有的模块都从同一个主驱动程序中调用，每个独立模块都可作为一个独立的程序运行，各个模块之间存在相互作用。模型构建和评分程序的独立性，使 E-rater 在添加新功能方面，以及继续研究和开发应用程序方面具有灵活性。E-rater 模块化的设计可以很容易地测试系统的新特性（或关于新特性的假设）的使用情况，以便进一步扩展应用程序；也能够很方便地修改 E-rater 的模型构建模块，从而为模型配置新功能。

五、案例经验与启示

E-rater 在一定程度上解决了阅卷人员数量不足、阅卷效率低下等问题，在 GMAT、GRE 以及托福等重要考试中发挥了重要作用。目前，我国语文和英语作文主要由人工进行评分，E-rater 作为一个自动作文评分系统的成功案例，给予我国的教育评价发展一些启示。

一是明确数据收集的重要性。E-rater 评分准确性的提升主要依赖于大量的数据训练。因此，我国在建立自动作文评分系统时，需要收集足够的中文作文数据，并尽可能覆盖不同的主题、难度等级和年龄段。

二是紧抓特征工程的关键作用。E-rater 在评估过程中提取文章的多种特征，如词汇、语法、连贯性等，以提高评分准确性。同样，我国在建立自动作文评分系统时，需要针对中文作文的特点，设计合适的特征提取方式，以更好地反映学生的写作能力。

三是关注算法优化的必要性。E-rater 在算法方面进行了多次优化，提高了对不同类型错误的识别和纠正能力。我国在建立自动作文评分系统时也需要优化和改进算法，以提高评分的准确性和稳定性。

四是发挥人工干预的辅助作用。虽然 E-rater 是一种自动化的评分系统，但它仍然需要人工参与来验证结果并进行调整。同样，我国在建立自动作文评分系统时，需要适当引入人工干预，以确保评分结果的准确性和公正性。

五是强调语言表达能力的重要性。E-rater 通过分析学生的语言表达能力来评分，这表明在今后的教育中，学生的语言表达能力将越来越重要。因此，教育者应该注重培养学生的语言表达能力，不仅仅是口语和写作方面，还包括词汇量和语法等方面。

六是重视科技在教育中的应用。E-rater 是一种自动评分软件，利用了计算机技术和自然语言处理技术。这表明科技在教育中的应用将越来越重要，可以利用人工智能技术来提高教育的效率和质量。

第四节　英国 Education Quizzes 自适应评测平台

一、案例基本信息

案例名称：英国 Education Quizzes 自适应评测平台

实施时间：2011 年至今

主要实施者：Education Quizzes 服务商

实施对象：英国各学段学生

相关网址：https://www.educationquizzes.com/

Education Quizzes 自适应评测平台能够根据学生的表现和能力水平,自动调整测试题的难度和数量,从而为学生提供更具挑战性与针对性的测试和练习,帮助他们更好地掌握知识点。

二、案例概述

随着时代的发展和教育技术的不断创新,传统的课堂教学已经难以满足学生的需求,智能时代的学生需要更加个性化和灵活的学习方式,以适应不同的学习节奏和学科需求。在此背景下,英国两位教育专家科林·金(Colin King)和莉萨(Lisa)于 2011 年共同组织开发了测验内容与国家课程内容保持高度一致的 Education Quizzes 自适应评测平台,以服务于英国本土学生,满足学生的个性化学习需求。Education Quizzes 自适应评测平台可提供多种学科和多个年龄段的测试题,覆盖了英国国家课程标准的核心知识点,并且提供了自适应评测系统,根据学生的表现和能力水平,自动调整测试题的难度和数量。该平台还能够根据学生的学习进展和需求,帮助学生更全面地掌握各种学科知识。该平台可提供教学视频、学习指南、练习册等多种学习资源,通过定制化的学习计划、测试方式等帮助学生更好地规划自己的学习进程,以更加个性化和灵活的学习方式,帮助学生更好地掌握各种学科知识,提高学习效率和学习成绩。此外,该平台也为教师提供了一种有效的教学辅助工具,能够更好地帮助他们了解学生的学习进展和需求,及时调整教学方法和内容,更好地满足学生的学习需求。

三、案例实施与推进

(一)实施背景

随着信息技术的发展和教育观念的变革,教育领域逐渐向数字化、智能化的方向发展，教育评价改革逐渐成为当前教育改革的重心。英国国家教育政策强调要提高学生的学习效果和教学质量，相关教育部门和学校也致力于提高学生的学习成绩，并使他们获得良好的学习体验，同时也意识到智能技术在这方面具有重要意义。为了更好地适应学生的需求和学习风格，提高学生的学习效率和成绩，推进英国教育改革，结合自适应评测技术的 Education Quizzes 自适应评测平台应运而生。

传统的教育评测方式往往采用一种"一刀切"的方法，忽略了学生个体之间的差异性和多元性，难以适应不同学生的学习需求和差异化的学习风格。Education Quizzes 自适应评测平台是一种能够根据学生的学习情况和表现进行智能化、个性化评测的工具，能够更好地满足学生个性化、差异化学习的需求，提升学生的学习效果。该平台提供了基于智能技术的教育评测方式，在一定程度上突破了传统教育评测方式的不足和局限之处。该平台也意味着教育评测领域的数字化、智能化进步，推动了教育领域的信息化和现代化发展，其运用自适应评测技术和多元化的测试内容，能够帮助学生更加主动地回忆知识点，增强学生的学习兴趣和动力，提高学生的学习效果。该平台也能够帮助教师更好地了解学生的学习情况和表现，为教师提供更加精准的教学反馈，从而改善教学质量，提高教育教学效果。

（二）实施方案

首先，Education Quizzes 自适应评测平台中知识题库的创建需要确定所涵盖的科目和年级，其中，科目主要分为数学、科学、语言艺术、人文社科等类别，年级基本上涵盖了所有的学龄段。其次，需要制定知识点列表，确定知识点的内容和难度，每个知识点应该有一个清晰的描述，同时要确保它们覆盖了学科和年级所需要掌握的所有知识点。再次，需要专业教师编写题目，确保题目涵盖已确定的知识点，在编写题目时，需要确保题目的难度和题型多样化，并且要向教学大纲和标准看齐。完成题目编写后，需要进行审核和改进，确保每个题目都是正确、有效的，同时也要不断改进和更新知识题库，以确保它与教学大纲和标准的变化保持同步。最后，知识题库创建完成后，再将其运用于 Education Quizzes 自适应评测平台中，该平台会根据学生的学习能力和表现，自动选择合适的知识点和题目，确保学生能够获得个性化的学习体验。

Education Quizzes 自适应评测平台的测试题充分考虑到学生在测验过程中的互动体验，每两分钟测验 10 个问题，测试速度很快，以高效的测试方式加强学生学习。电子化的测试方式可以方便学生在任何移动设备上进行，包括手机、电脑、平板等，极大地提高了测试效率。其试题均由经验丰富的教师编写，包含 KS1、KS2、11Plus、KS3 阶段。例如，KS1 阶段的测试年龄为 5—7 岁，该平台提供了包含对应学段的英语、数学、科学、拼写、地理、历史、词汇、计算、艺术等不同主题的学科知识题库，每个主题下面还包含若干个子主题，用户可根据自身的学习需要选取对应的测试学科。KS2 阶段的测试年龄为 7—11 岁，该平台提供了包含英语、数学、科学、地理、历史、信息技术、化学、艺术等 12 个主题的学科知识题库，共 400 多道测试题。KS3 阶段的测试年龄为 11—14 岁，该平台提供了包含英语、数学、科学、地理、历史、信息技术、化学、艺术等所有主要学科的知识题库，共 700 多道测试题。此外，该平台还提供了西班牙语学习与测试，以及适合各个年龄段的拼写练习。

Education Quizzes 自适应评测平台利用人工智能和机器学习算法来实现学习者的自适应测试。具体来说，当学生完成一道题目后，系统会根据学生的回答情况以及之前的表现，智能调整下一道题目的难度，如果学生回答正确，下一道题目会变得更难；如果学生回答错误，下一道题目会变得更容易，以帮助学生更好地掌握相应知识点。此外，系统还会根据学生的表现和答题速度来确定是否需要调整题目难度。如果学生表现良好且回答速度较快，则系统会提高题目难度，以使学生接受更大的挑战；如果学生表现不佳或回答速度较慢，则系统会降低题目难度，以帮助学生更好地理解知识点。通过这种自适应的方式，Education Quizzes 自适应评测平台可以根据学生的个人能力和水平，为其提供最适合的测试体验，帮助他们更快地取得进步。

当学生完成测试后，Education Quizzes 自适应评测平台会立即给出测试成绩，并显示每道题目的正确答案和学生选择的答案。此外，该平台还会提供针对每个错误答案的详细解释，帮助学生理解正确答案的来龙去脉。学生在完成测试后，其测验数据由平台采集，平台根据学生的表现和错误答案的类型，提供个性化的建议和提示，并提供相应报告以供学生、家长、教师随时下载。报告采用可视化的形式，直观地反映学生在测试过程中所暴露的问题，帮助学生快速发现问题、解决问题。通过这种反馈机制，该平台可以帮助学生发现自己的薄弱点，并指导他们在下一次测试中避免出现相同的错误。同时，该平台还可以帮助学生加深对知识点的理解，提高学生的自信心，增强学生的学习动力，促进学生取得更好的学习成效。

（三）实施效果

Education Quizzes 自适应评测平台目前已经与数千所英国学校合作，得到了广泛的支持和使用，同时也得到了教师和学生的积极反馈与评价。

学生学习方面，该平台支持学生个性化学习，能够根据学生的学习水平、需求和进度提供个性化的学习路径，帮助他们更有效地掌握知识，帮助学生获得实时的学习反馈，了解自己在哪些领域做得好，哪些领域需要加强。使用 Education Quizzes 自适应评测平台的学生在英国国家标准测试中的平均得分比没有使用该平台的学生的得分高，大多数学生和教师表示该平台对提高学生学习成绩有积极影响。

教师教学方面，教师可以基于该平台提供的学生数据做出更明智的教学决策，可根据学生的需求和表现调整课程内容，确保教学更贴近学生的实际情况，提高教学效果。大多数教师表示该平台对学生的学习态度和自信心有积极影响，能根据学生的学习表现和能力提供个性化的学习支持和指导，方便教师进行教学管理和监督。

总的来说，Education Quizzes 自适应评测平台在英国的应用结果是积极的，得到了广泛的认可和支持。虽然使用效果可能因具体情况而异，但它已成为英国学校中越来越受欢迎的评估学习和提高学习效果的方法之一。

四、案例特点与创新

Education Quizzes 自适应评测平台具有以下特点与创新之处。

第一，充分运用自适应评测技术，为学生提供个性化的学习与测试体验。Education Quizzes 自适应评测平台采用自适应算法，基于学生的表现和反馈，不断调整测试的难度和问题类型，以确保每个学生都能获得最佳的测验效果。在评测过程中，该平台会根据学生的答题情况，动态调整下一道问题的难度，以确保每个学生都能在其当前水平范围内进行学习和测试。例如，如果学生答对了当前问题，测试平台会提供更难的问题，反之，如果学生答错了，系统会给出更简单的问题。此外，该平台还提供了实时反馈和建议，以帮助学生纠正错误，提高他们的学习效果。例如，当学生答错问题时，测试平台会提供有关正确答案的详细解释，并建议他们重复学习相关的概念或主题。同时，该平台还为学生提供了定制化的学习计划，以确保他们能够根据自己的节奏进行学习和测试。

第二，多样化的测试内容，满足不同学生的学习需求和测试偏好。Education Quizzes 自适应评测平台具备题库质量高、测试难度可调、题型多样化、主题丰富、涵盖多个学科领域的特点。其测试内容非常多样化，涵盖了英语、数学、科学、地理、历史等多个学科领域，同时每个学科领域都包含了多个主题和子主题，每个主题和子主题都包含了不同的测试难度，使得学生可以根据自己的学习水平和进展选择适合自己的测试难度。此外，该平台的测试题库是由经验丰富的教师与学科专家创建和维护的，确保了每个测试题的质量和准确性，试题形式包含选择题、填空题、匹配题、连线题等不同类型。另外，该平台可提供详细的测试结果分析和反馈，能够帮助学生和教师更好地了解学生的学习水平和问题所在，从而有针对性地制定教学方案和采取相应的教学策略。

第三，注重评价过程中的互动性和趣味性，激发学生对学习的"动回忆"。Education Quizzes 自适应评测平台通过多样化的测试内容、游戏化的测试方式、实时反馈和有趣的主题等多种方式，增加了学习的互动性和趣味性，让学生在学习中获得更多的乐趣和动力。首先，该平台的测试以游戏化的方式呈现，可以让学生在学习过程中获得更多的乐趣。比如，在学习英语单词时，学生可以通过拼写、选择、匹配等游戏方式进行测试，增强学生对知识的记忆和理解。其次，该平台提供了多种测试形式，如练习题、测验、竞赛等，可以让学生根据自己的兴趣和学习风格进行选择，同时也可以促进学生之间的竞争和交流。再次，该平台的测试主题涵盖多个学科领域和主题，如历史、科学、文化等，让学生在学习知识的同时也能了解更多的文化和人文信息。最后，该平台的测试内容和教学紧密结合，能够帮助学生和教师更好地实现知识的互动与交流。同时，该平台的测试内容也可以作为课后复习和巩固知识的重要工具。

五、案例经验与启示

英国 Education Quizzes 自适应评测平台为中国教育带来了许多有益的经验和启示，也为中国教育的创新和发展提供了借鉴与参考。

一是教育要强调个性化学习，Education Quizzes 自适应评测平台通过自适应评测技术实现了个性化学习，通过学生的表现和能力自动调整题目难度，让每个学生都能在适合自己的难度下学习。这种方法能够帮助学生更好地理解知识，加深记忆，减轻学习压力。我国一线教育工作者应该注重每个学生的个性化需求，给学生提供更加个性化的教学内容和方式，鼓励学生自主学习，增强学生的学习兴趣和自信心。

二是将游戏元素融入学习中。Education Quizzes 自适应评测平台将游戏元素融入学习中，例如，在学习过程中会有动画、音效和比赛等元素，让学习过程变得更加有趣和更具互动性。这种方法能够激发学生的学习兴趣和积极性，促进学生获得更优的学习效果和更好的成绩。在实际教学中，教师可以采用类似的方法，引入游戏化设计和互动元素，如通过竞赛、小组讨论等方式，让学生更加积极地参与到学习过程中。

三是要给予适时的学习反馈。Education Quizzes 自适应评测平台提供了详细的学生表现和成绩反馈，包括分数、正确率、答题时间等指标，帮助学生及时了解自身的学习情况，教师也可以据此做出有针对性的教学改进。针对教育评价，教师也应该注重关于学生表现和成绩的反馈与评估，如定期进行测验、考试，对学生的表现进行分析和评估，并有针对性地提供反馈和指导。

四是创新教育评价技术运用。Education Quizzes 自适应评测平台采用自适应学习技术，根据学生的学习进度、能力水平和兴趣爱好，智能地推荐适合他们的试卷内容与难度，有助于解决传统教育中"一刀切"的问题，该平台还具备强大的数据分析和反馈功能，能够准确评估学生的学习状况，为教师提供有针对性的教学建议。我国也应考虑在一些考试中普及运用自适应教育评测系统，加强个性化评价、数据分析和应用等，通过现代技术的应用，推动教育评价体系的改革与发展，缩短评价反馈周期，强化教育针对性，提高教育效率与质量。

第五节　美国 iReady 在线平台

一、案例基本信息

案例名称：美国 iReady 在线平台

实施时间：2010 年至今

主要实施者：K12 教师

实施对象：K12 学生

相关网址：https://www.curriculumassociates.com

iReady 是一个专为教师和学生提供全面性的评估与指导的在线学习平台，通过将诊断数据与个性化教学联系起来，使差异化教学得以在每个教室实现。iReady 基于智能技术，能全过程、全方面地评估学习者的学习，其在线课程可以为每个学生提供量身定制的指导和练习，同时也可以为教师提供个性化、小组化及全班教学的资源。

二、案例概述

iReady 是一个在线的自适应学习平台，旨在为 K-12 年级的学生提供个性化的学习体验。iReady 由创新教学材料、评估程序和数据管理工具的领先提供商 Curriculum Associates 开发，彻底改变了教师提供教学、吸引学生和评估学生学习的方式。iReady 平台提供了基于 K-12 数学和阅读的学生指导、性能诊断及进度报告。学生根据自己的能力接受 iReady 诊断并接受个性化的在线教学，学校和学区会收到关于学生全年学习成绩和进步的定制报告。iReady 主要包含四套独立工具：①iReady 诊断，在 K-12 数学和阅读中提供自适应诊断；②iReady 课程，基于学习诊断结果提供个性化的在线课程；③iReady 程序，支持在线教学的游戏；④iReady 标准管理，提供一系列基于微观标准的评估体系。其中，iReady 诊断是核心。这个诊断评估平台是为教师设计的，既可以单独工作，也可以与其他 iReady 程序一起工作。K-12 年级诊断测试评估体现了其核心信念，即所有学生都可以成长并达到相应年级水平的期望。这些诊断评估工具可以帮助教育工作者了解学生目前所处的水平，设定高于现有水平但可实现的成长期望，并借助正确的教学工具来帮助学生实现目标。

三、案例实施与推进

（一）实施背景

iReady 的想法最初构思于 2008 年，2010 年，该平台正式推出。自此，iReady 从简单的在线评估工具发展成为一套全面的教学资源和数据管理工具。根据沃尔德伦（Rob Waldron）和伯杰（Larry Berger）的说法，iReady 成功的关键因素之一是它能够适应教育工作者和学生不断变化的需求。iReady 平台通过不断更新和完善，可为教师提供更强大的数据分析工具，开发新的教学资源，帮助教师最大限度地发挥学生的潜力，以确保自身能够满足当今教育的需求。除了对创新的追求外，沃尔德伦和伯杰还将 iReady 的成功归功于其直观的设计，该平台使用起来十分简便，并且可供经验丰富的教师和新手教师使用，重要的是，教师在使用该平台时感到自如，并且可以快速了解如何充分利用它。

（二）实施方案

iReady 的目标是帮助教师更好地为学生服务，提高学生成绩。它支持每个学习者取得成功，通过可操作的直观数据，让教师知道应该关注哪些方面才能提升学生的能力，使学生对学习有更高的参与度。

1. iReady 诊断

iReady 诊断是一种适应性评估，可针对每个学生的水平调整问题的难度，即当学生回答正确时，下一个问题会变得更加困难；当学生回答错误时，下一个问题会变得更加容易，这种适应性使得 iReady 诊断能够识别每个学生的优势和成长机会。iReady 提供的计算机自适应测试使用复杂的算法来精确测量学生的能力，开始时会根据学生的年级成绩猜测出一个难度，之后，测试的难度不断变化，直到评估达到与特定学生完全匹配的难度水平为止。该测试将以最快速、最有效的方式为学生找到一个"最合适"的分班水平。

iReady 诊断的目的不是给学生打分，而是确定如何更好地支持他们的学习，此外，还可以帮助教师确定学生的需求，促进他们进行个性化学习，并监控学生全年的学习进度。iReady 诊断涵盖两个主要领域：阅读和数学。

（1）阅读领域

语音意识是指了解一个口语单词是由不同的部分组成的，每个组成部分都对应一种声音。例如，单词 bat 包括"b"、"a"和"t"的发音，而单词 batter 可以被分解成"bat"和"ter"的发音。语音意识是语音学的一个重要组成部分。学生在完全掌握声音与字母的匹配之前,需要能够区分和弄清口语单词中的各个音。阅读领域内容具体可分为以下几个方面。

1)语音教学教导学生如何将他们在口语中听到的声音与他们在书面上看到的字母联系起来。例如,一个能够将声音与字母联系起来的学生知道将"th"读成一个音/th/,而不是音/t/和/h/。学生必须学习声音和发音模式之间的多种联系。一旦学生能够轻松地建立起这些联系,他们就能真正开始阅读。

2)高频词是指在学生阅读过程中出现频率最高的词,诸如"the"、"and"和"it"之类的词是高频词。由于这些词出现的频率很高,学生必须学会自动识别它们,而且这些词的发音方式往往令人费解,像"could"和"there"这样的词并不遵循大多数单词中的发音规则。学会自动识别这些单词有助于学生更快速、更容易地阅读,从而使他们更好地理解相应内容。

3)词汇是学生所知道的单词的统称。一个学生掌握的单词越多,就越容易理解他们所读的内容。学生通过听和读新单词、讨论单词和学习特定单词来扩大词汇量。

4)文学理解力描述了学生理解虚构或非虚构作品的能力。故事是学生最常阅读的文学文本,但戏剧和诗歌也属于文学文本。一个懂文学的学生能够讨论一首诗的意思,或者体验戏剧中角色的台词。随着学生成为一名读者,他就能够理解越来越复杂的故事、戏剧和诗歌。

5)信息性文本理解力描述的是学生理解真实文字类型的能力。有关科学或历史的书籍是信息性文本的例子,报纸文章或杂志文章也是如此。这类文章的结构通常与迭代性文章不同,信息性文章通常不讲故事,而且通常被组织成带有标题的章节。此外,它还可能包含理解一些重要的图表和图示。一个理解信息性文章的学生可以识别人的特征和支持性特征,描述文章的组织方式,或从照片和图表中提取信息。

(2)数学领域

K-8阶段(指从学前教育到初中毕业的学习阶段)的识数和运算通常被认为是

算术的数学技能，包括读、写数字，以及加、减、乘、除不同类型的数字。

K-8 阶段的代数和代数思维是指学生在学习数学的过程中会看到一些数字，要理解加、减、乘、除的含义，并使用符号来书写和解决方程式，包括那些用于解决文字问题的方程式。在高中阶段，则是在前面的基础上使用函数、方程和不等式来模拟数学情境和通过定量推理来解决有关的代数问题，并扩展对实数运算的理解。

K-8 阶段的数据测量与分析能力是指与收集、组织和解释数字信息有关的数学技能，包括从使用时间或尺子测量物体的长度到使用公式计算物体的体积或表面积，还包括理解表格和图形，以及较高年级的统计和概率内容。

K-8 阶段的几何学包括各种与分析平面和立体图形有关的技能。这些技能包括利用对称性、数量、几何尺寸等特征对图形进行命名和分类。在高中阶段，这个领域涵盖了几何和测量，主要是为了发展空间几何推理能力，建立几何属性和方程，进行公式证明以及使用统计和概率概念来分析数据。

2. iReady 个性化指导

iReady 为学生提供了适应性测试，以确定他们的年级水平并确定他们需要改进的领域。根据这些测试结果，iReady 提供了个性化的互动课程，以满足每个学生的学习需求。这些在线课程既有趣又能互动，可以帮助学生在学习中时刻保持高度参与状态。iReady 还提供了各种各样的学习游戏，学生在上完课后可以玩这些游戏，旨在帮助 K-8 学生练习和学习数学。

此外，在 iReady 平台中，教师还可以查看学生的学习进度，包括花在课程上的时间、通过的课程、完成的作业等详细数据，并将特定课程分配给选定的学生，以提供高质量的差异化教学，缩小学生的学习差距。

（三）实施效果

自推出以来，iReady 对教育产生了重要影响。该平台使教师能够访问有关学生的大量数据，使他们能够就如何最好地满足学生的需求做出明智的决定。此外，该平台使教师能够将更多引人入胜的活动融入课堂，使学生的学习更加愉快和有效。根据兰德公司（RAND Corporation）进行的一项研究，iReady 的使用增强了学生的学习动机，提高了学习参与度。研究发现，使用 iReady 的学生表现优于不使用的学生，特别是在数学方面，并且使用 iReady 的学生比不使用的学生表现出更高的参与度和更大的动力①。

iReady 在阅读和数学方面获得了美国国家强化干预中心（National Center on Intensive Intervention，NCII）评估中学术筛选、学术进展监控和学术干预三个类别的高评分。NCII 是一个国家认可的技术援助中心，由美国研究所管理。iReady 在这三个类别上的高评分表明，iReady 可用于识别可能面临学习成绩不佳风险的学生，监控学生的学习进度，并可作为满足学生特定需求的学术干预计划。

四、案例特点与创新

首先，iReady 由课程协会（Curriculum Associates）开发，使教师和学生在数学与阅读方面的差异化教学成为现实。iReady 凭借其强大、直观的系统，为教师提供所需的工具，确保所有学生都可以取得进步。

其次，iReady 为教师提供了丰富的数据，使他们能够更深入地了解学生的需求。该平台基于学生的学习记录数据，并将其归纳总结成一份学生学习个人报告，该报告也可以帮助教师更好地了解学生的学习情况，进而对学生进行有针对性的指导。

最后，iReady 提供了强大的在线课程，激励学生走上成功之路。在 iReady 诊断数据的驱动下，iReady 的在线 K-8 课程为学生提供了量身定制的指导，使学生了解自己已掌握的知识与技能，并鼓励他们发展新技能。

---

① Research and Efficacy—The Research Behind Our Programs[EB/OL]. [2023-11-22]. https://www.curriculumassociates.com/research-and-efficacy.

五、案例经验与启示

    iReady 是一个具有革命性的教育技术平台，优化了教师提供教学和评估学生学习的方式。当学生首次登录 iReady 平台时，该平台会根据学生的实际年级水平进行诊断测试。当学生回答问题时，该平台会使用不同难度的问题进行测试并及时调整，直到最终达到与每个学生学习需求相对应的难度级别，以最快、最有效的方式为学生找到一个"恰到好处"的知识水平。这种自适应的在线评估以及支持个性化学习的在线平台对我国基础教育的在线学习评估平台来说也有很大的启发意义。此外，iReady 还支持游戏化教学，我国可以借助智能技术对课程内容、学习难度等进行智能化、个性化的调整，使其最大限度地激发并维持学生的学习兴趣，聚焦学习成果，从而助推游戏化学习技术升级，提高学生的学习积极性与参与度。

第四章

教育评价方式不断创新

第一节　南新罕布什尔大学FEATuring YOU

一、案例基本信息

案例名称：南新罕布什尔大学 FEATuring YOU

实施时间：2017 年至今

主要实施者：南新罕布什尔大学

实施对象：美国边缘化青年

相关网址：https://www.snhu.edu/program-finder

本案例展示了美国南新罕布什尔大学在 2017 年开展的一项名为"FEATuring YOU"的软技能培训和评估项目。该项目旨在帮助边缘化青年（以下简称青年）获取就业和教育机会。

二、案例概述

南新罕布什尔大学的 FEATuring YOU 项目采用了南新罕布什尔大学验证过的五项零售业技能评估方法，以及一项内部开发的基于游戏的评估工具，来测试参与者的六项软技能：沟通、批判性思维、客户服务、适应性、结果导向和解决问题能力。通过这些测试，参与者可以了解自己在这些领域的优势和不足，并制定提升自己工作技能的计划。除了测试和评估方面，FEATuring YOU 项目还包括在线学习模块和数字徽章。在线学习模块包括自主学习和交互式课程，涵盖了各种职业技能和知识点，以帮助参与者提高工作技能和专业能力。数字徽章则是证明参与者掌握软技能和职业技能的有效方式，参与者可在社交媒体和求职平台上展示自己的技能证书，从而提高自己的就业竞争力。

据报道，新冠疫情期间，美国失业率飙升，特别是那些年轻工作者和贫困人口受到了极大影响①。因此，FEATuring YOU 项目与其他数字认证和在线学习项目一样，为这些人提供了一种获取新技能和证书的途径，帮助他们更快地重新获得就业和教育机会。该项目由谷歌（Google）公司资助，以推动零售、医疗保健和酒店等领域为青年提供更好的就业机会，并且通过数字认证和证书可以更好地证明他们的技能。数字徽章不仅可以帮助参与者在求职时吸引更多的注意力，还可以激励他们不断提高自己的工作技能，从而更好地适应不断变化的现代职场。

本案例的目的是通过对 FEATuring YOU 项目的研究，探讨数字技术在提高青年人工作技能和就业机会方面的应用，以及这种数字化教育与传统教育之间的关系。

三、案例实施与推进

（一）实施背景

数字化工具正在极大地改变着招聘形势和高等教育现状，直接测试和培训个人能力的数字化工具是其中之一。越来越多的招聘者采用具有强大分析能力的技术平台，通过各种基于技能的评估来验证候选人的适合性，从而高效地筛选人才。因此，聘用前评估在北美地区越来越受欢迎。与此同时，高等教育也经历了转型。随着在线学习和替代学历的兴起，传统的高校授予的学位价值在面临着挑战，非传统高等教育机构的增长也成为该领域的一个新趋势。

基于技能的就业能力培训和评估方法尽管已经存在了一个多世纪，但近年来大数据和机器学习的兴起带来了许多创新的评估工具，这些工具正在改变求职者

---

① COVID-19 is Hitting Black and Poor Communities the Hardest, Underscoring Fault Lines in Access and Care for Those on Margins[EB/OL]. [2023-11-22]. https://theconversation.com/covid-19-is-hitting-black-and-poor-communities-the-hardest-underscoring-fault-lines-in-access-and-care-for-those-on-margins-135615.

的工作审查方式。这一巨大的变化有可能使招聘过程更加民主化，对那些具有与该职位相匹配的技能和能力的求职者，而不是那些具有传统优势背景的求职者有利。这种偏见的先决条件会导致来自代表性不足和边缘化背景的工人处于不利地位。边缘化青年是指那些在社会、经济和政治方面被较大程度排斥和忽视的年轻人。这些青年通常来自弱势群体，如低收入家庭、移民家庭、少数族裔、残障人士等，他们可能缺乏教育、就业、住房、医疗保健等资源和机会。

此外，这些新的评估工具还可以采用数字培训的形式，以更具成本效益的方式向个人传授特定角色所需的能力，直接提升他们的技能水平，并为他们提供反馈来监控他们的表现，这使得求职者能够更好地掌握自己的个人学习和职业道路。总之，这些智能技术支持的评估工具为求职者带来了更多平等的机会。

在职场中，年轻的求职者通常很难向雇主准确地表达自己的技能和能力，而雇主也很难确定哪位求职者是符合要求的。数字徽章被认为是一个潜在的解决方案，可以弥合技能沟通上的差距。数字徽章是一种替代证书，是不断发展的基于技能的招聘生态系统的产物，也是日益增长的基于能力的教育运动的组成部分。理想情况下，这些徽章是便携、可堆叠和可共享的，并带有标记丰富的数字图像，其中嵌入了关于徽章所代表的技能、评估获得者的标准以及任何支持性证据的详细数据。通过这种方式，数字徽章可以准确、即时地验证个人的能力，同时详细说明何时、何人颁发的该徽章。

青年就业倡导者指出，发展软技能是帮助年轻人找到工作的重要策略之一[①]。所谓软技能，是指那些与工作准备和就业能力相关的技能，包括沟通、团队合作、领导力、灵活性、适应性、解决问题、创造力、说服力、人际交往技巧、时间管理和职业道德等方面的能力。如今，雇主对这些技能的需求越来越大，这些技能也成为他们评估候选人的必要条件。劳动力研究人员认为，这种趋势只会持续下去：雇主正在并将继续寻找具有高情商、优秀沟通技能、敏捷智力、高水平的主动性和道德感的候选人[②]。根据全球数据估计，到 21 世纪 30 年代中期，有 20%—40%的 16—

---

① Robot-Ready: Human + Skills for the Future of Work[EB/OL]. [2024-04-21]. https://stradaeducation.org/report/robot-ready/.

② Robot-Ready: Human + Skills for the Future of Work[EB/OL]. [2024-04-21]. https://stradaeducation.org/report/robot-ready/.

24 岁青年面临着失业的风险，因为他们从事的工作存在被自动化取代的可能①。因此，软技能的发展对于保障年轻工人具备雇主所需的能力至关重要。

南新罕布什尔大学鼓励实验、失败、创新和持续迭代，以解决高等教育面临的各种问题。FEATuring YOU 项目就是在这样的环境下概念化、设计和实施的。该项目团队在战略与创新副总裁弗莱明（Brian Fleming）的指导下成立，由此开始研究基于技能的评估。弗莱明曾表示："我们渴望了解数字评估与其降低学习成本的潜力之间的关系，尤其是对于那些无法接受高等教育的人。我们对整个评估领域及其与教学创新的关系感到非常好奇。"②FEATuring YOU 项目能够顺利开展的前提是，数字评估有可能成为学习者展示他们已经拥有的技能的有力方式，这些技能可以作为他们未来教育和工作的行动指南。

（二）实施方案

2017 年，南新罕布什尔大学的创新中心推出了基于技能的评估，这一举措在早期就引起了广泛关注。两年后，该中心向谷歌公司申请拨款，提议创建一种独特的基于技能的评价和学习工具。谷歌公司建议在该提案中考虑评估领域中最具挑战性的干预措施，并围绕这一方案进行创新，南新罕布什尔大学的创新中心立即将机会青年确定为此类项目的目标用户群。机会青年是劳动力发展领域最难接触的群体之一，通过直接评估和培训，帮助这些脱节的人群展示、转化和提高他们的技能，最终使他们获得难以置信的回报。历史上，这一群体因未入学而被高等教育忽视，因此这一举措将为他们带来更多的机会和帮助。

南新罕布什尔大学的项目旨在弥合机会青年与就业市场之间的差距，并得到了谷歌公司的资助。该项目承诺将基于个人能力的评估与就业市场需求的软技能相结合，为边缘化学习者提供就业机会，并免费为他们提供进一步的学习机会。南

---

① A Third of Youth Surveyed Globally by UNICEF Say Their Education is not Preparing Them with the Skills to Get Jobs[EB/OL]. (2020-03-09)[2024-04-21]. https://www.generationunlimited.org/press-releases/PwC-UNICEF-join-forces-to-boost-youth-skills-worldwide.

② FEATuring YOU: A Soft Skills Training and Assessment Program for Opportunity Youth[EB/OL]. (2020-07-20)[2024-04-21]. https://sr.ithaka.org/publications/featuring-you/.

新罕布什尔大学向谷歌公司提出的建议强调了直接与社区组织合作的必要性，尤其需要与那些通常难以接触的人群所在的社区组织直接合作。此外，该项目还内置了数字徽章的功能，这将验证用户在一系列不同软技能方面的能力，并可以通过社交媒体与雇主、社区组织和其他相关方分享。这些数字证书不仅以这种方式可移植，而且最终可累积。获得徽章的年轻人将有机会将他们的经验"叠加"到额外的培训项目中，从而获得另一个徽章、微型证书甚至学位。作为谷歌公司规定的项目指南的一部分，南新罕布什尔大学保证，该项目创造的所有知识产权，包括开发的数字化工具的开源代码，都将保留在公共领域。考虑到这些需求和规定，南新罕布什尔大学开始了第一阶段的研究，致力于打造最终将成为 FEATuring YOU 的项目。

FEATuring YOU 的评估和学习材料需要经过大量定制，以满足边缘化学习者的需求，这将需要大量的组件定制、迭代的产品开发和重复的用户测试。此类开发过程涉及南新罕布什尔大学中的多个团队及其成员广泛的跨组织协作。这些利益相关者都有着为边缘化学习者建立在线培训工具的共同愿望，并在快节奏的生产周期中共同承诺进行创新，FEATuring YOU 的开发过程同时也体现了数字创新的劳动密集型本质。为了考察用户对六项软技能的掌握程度，南新罕布什尔大学创建了数字徽章，这可以作为教育工作者考虑使用在线证书进行实验的一个指导性案例。FEATuring YOU 由四个关键部分组成：问题解决能力评估、软技能评估、视频学习培训和数字徽章。每个组成部分都可以通过 FEATuring YOU 登录页访问。

问题解决能力评估是基于《太空危机》游戏开展的。该评估旨在通过解决一系列谜题来测试用户解决问题的能力，并为用户提供大学学分。在开发过程中，《太空危机》经历了两个阶段的用户测试和验证，以确保游戏能够激发用户的技能和策略。用户的反馈表明，游戏具有挑战性，但也存在难度和透明度方面的问题。因此，南新罕布什尔大学进行了调整，使游戏对用户更加友好，并能够吸引机会青年。现在，完成游戏后，用户会收到有关他们在特定技能领域内所需改进的方面的反馈。

在 FEATuring YOU 项目中，软技能评估被划分为五个领域：沟通、批判性思维、客户服务、适应性和结果导向。与问题解决能力评估相比，软技能评估的开发和验证过程更为简单，因为它已经过严格验证，以测试入门级零售员工的技能。南新罕布什尔大学授权了 FEATuring YOU 项目完整的入门级核心技能评估产品，开发了一个应用程序编程接口并将其分解为不同的组件,以便将其集成到 FEATuring YOU 平台中。每个领域都有一个初始评估,旨在区分高绩效员工和低绩效员工。这些评估是强制选择评估,利用情境判断问题,需要用户从提供的答案列表中选择答案。如果用户未通过评估,则相应情境判断问题会被定向到学习视频播放列表,以帮助他们掌握该特定能力。通过这种方式,用户可以掌握不同的能力,并不断提高自己的绩效。

视频学习培训模块被用来提升用户的软技能。在 FEATuring YOU 平台上,用户可以通过完成视频学习来掌握不同的软技能,并且每个学习视频播放列表中都包含技能评估元素。特别是 FEATuring YOU 中划分有五个软技能领域的综合核心分数评估,其中每一个都有着一个不同的学习视频播放列表,该列表仅会被推荐给第一次尝试时未通过初始测验的用户。学习视频播放列表包括视频和迷你评估,旨在帮助用户掌握该特定软技能。用户完成视频学习后,将被邀请重新参加该模块的初始核心分数评估。通过评估的用户将获得南新罕布什尔大学认证的数字徽章,表明他们掌握了该特定软技能。

FEATuring YOU 的每个软技能培训模块授予的徽章都存放在平台发布的唯一指定网页上,在该网页上,用户获得的数字徽章图像是公开显示的,并且呈现有用户在获得徽章时所符合的标准(例如,在实施解决方案时考虑许多细节的能力)的详细说明。徽章获得者可以通过多个社交媒体和数字服务集成来分享他们的数字徽章,并且这些徽章可以组合成堆叠的元徽章,允许用户创建完整的工作和数字徽章组合。用户只需在简历上写明该永久地址或将其直接发送给潜在雇主和其他外部评估人员,即可证明他们掌握了雇主所需的能力。

平台开发对于项目的成功至关重要,但是南新罕布什尔大学也需要确保获得合作伙伴的支持。2018 年 11 月,南新罕布什尔大学与三位潜在的合作伙伴进行了一次网络研讨会,以介绍 FEATuring YOU 项目的目标。这些与会者被邀请来分享他们对该项目的反馈和想法,特别是关于通过在线评估获得基本职业技能的年轻用户是否真正具备了在一线职位上取得成功所需的技能。此外,只要申请者完成了 FEATuring YOU 项目的评估和培训模块,并获得了南新罕布什尔大学颁发的徽章,证明其掌握了某些软技能,这些雇主还承诺将为他们提供面试机会。虽然许多雇主表示 FEATuring YOU 在理论上是一个有吸引力的概念，但是他们指出，在当前的招聘程序中采用 FEATuring YOU 的评估结果和数字徽章还存在着较多障碍。由于很难改变全公司的筛选和审查做法，他们不知道该如何整合一种新的实验工具。然而，这场网络探讨会非常重要：与雇主的接触使南新罕布什尔大学团队对个别公司的具体需求和细微要求变得概念化，并为他们与雇主合作推出 FEATuring YOU 项目提供了路径。

2019 年 2 月，FEATuring YOU 项目推出后，南新罕布什尔大学 FEATuring YOU 项目团队开始组织一系列面对面的活动，旨在帮助青少年参与软技能评估和培训。这些最初的面对面活动是为满足年轻与会者的特定需求和偏好而计划的，这一点非常重要。例如，考虑到一些年轻人可能无法使用个人电脑，南新罕布什尔大学提供了必要的技术支持，以确保参与者能够通过在学生中心预订现场电脑或在活动期间借用大学笔记本电脑来参加 FEATuring YOU 项目。此外，该项目团队还致力于为可能不熟悉招聘流程和就业环境的年轻人创造一个轻松的环境，包括为参与者提供食物和奖励等。

当年轻用户与 FEATuring YOU 互动时，南新罕布什尔大学的工作人员不仅观察他们如何参与不同的评估、升级学习视频播放列表和数字徽章，还注意观察他们如何解决问题和应对挫折。该项目团队成员积极回答年轻人的问题，营造了一个积极的氛围，并鼓励参与者在第一次尝试未能掌握某个领域技能的情况下继续与培训模块互动。

在这些介绍性活动中，年轻用户因为抽出时间来为南新罕布什尔大学提供关于 FEATuring YOU 的反馈而获得了 25 美元的亚马逊礼品卡。这一举措向年轻的求职者传递了一个信息，即他们的意见和劳动是受到重视的。此外，它还传递出一个重要信息：尽管这些年轻人可能是第一次进入劳动力市场，很难确定自己的能力是否合格，但他们已经拥有相关的知识和经验，南新罕布什尔大学非常乐意为这些知识和经验付费。

（三）实施效果

在 FEATuring YOU 项目推出后，南新罕布什尔大学 FEATuring YOU 项目团队的面对面活动主要在波士顿和芝加哥举行，南新罕布什尔大学与社区组织建立了紧密的联系。有些活动还提供了机会让青年与感兴趣的雇主进行直接互动。例如，南新罕布什尔大学 FEATuring YOU 项目团队在与波士顿男孩女孩俱乐部共同策划和举办的快闪活动中完成了 23 项以上的评估，其中至少有 3 名青年被转介到参与活动的零售商的人力资源部门①。

FEATuring YOU 已经成为该项目一个重要的里程碑，截至 2020 年，总共完成了 2400 多项软技能评估。这个项目吸引了数百名来自美国各地的年轻人参与，并且 FEATuring YOU 的用户总数已达 1054 人。其中，64%的用户完成了一次或多次评估，并获得了一个徽章——最常获得的徽章是沟通技巧，14.5%的用户参加了升级学习视频播放列表项目②。

该项目还包括两项研究：一项是关于就业结果的纵向研究；另一项是基于游戏的评估《太空危机》的验证研究。到 2020 年，已有 236 名参与者选择参与纵向研究，而通过短信管理的后续调查回复率为 12%，参与调查的比例为 19%。《太空危机》验证研究中，已有 249 名参与者参与其中③。

四、案例特点与创新

（一）在线学习与测评工具创新

FEATuring YOU 项目使用基于零售和游戏的技能测评与培训方法。这种方法既有趣又富有挑战性，可以吸引参与者积极参与。通过在线学习模块，参与者可以灵活地学习各种职业技能和知识点，提高自己的工作技能和专业能力。而基于游戏的评估则可以对参与者的软技能进行全面、定量化的测试，帮助他们了解自己在沟

① FEATuring YOU: A Soft Skills Training and Assessment Program for Opportunity Youth[EB/OL]. (2020-07-20)[2024-04-21]. https://sr.ithaka.org/publications/featuring-you/.

② FEATuring YOU: A Soft Skills Training and Assessment Program for Opportunity Youth[EB/OL]. (2020-07-20)[2024-04-21]. https://sr.ithaka.org/publications/featuring-you/.

③ Using Text Messaging to Reach Survey Respondents[EB/OL]. [2024-04-21]. https://news.gallup.com/opinion/methodology/221159/using-text-messaging-reach-survey-respondents.aspx.

通、批判性思维、客户服务、适应性、结果导向和解决问题能力等方面的优点及不足。这种创新的在线学习和测评方法使得参与者能够更好地掌握所需技能，提高就业竞争力。

（二）数字徽章证明个人能力

南新罕布什尔大学为 FEATuring YOU 项目设计了数字徽章，将其作为证明参与者掌握软技能和职业技能的有效方式。参与者通过完成相关的测评和在线学习模块，可以获得数字徽章，并将其展示在社交媒体和求职平台上，以证明自己所掌握的技能。这种数字化的证书激励参与者不断提高自己的工作技能和表现，以帮助他们在求职时吸引更多的注意力，从而更好地适应并融入现代化的职场当中。数字徽章成为一种全新的证明个人能力的方式，其在线展示和共享也保证了证书的可靠性与实效性。

（三）聘用前评估更加公平和高效

雇主还可以通过 FEATuring YOU 平台进行聘用前评估，从而确保选择最适合职位的人才。通过聘用前评估，雇主能够更加准确地了解求职者的知识和能力，求职者也能够更加公平地展示自己的知识和能力，避免因为文凭或背景等因素而受到歧视。通过这种公平高效的聘用前评估方法，雇主可以更好地选择符合职位要求的、具有相应软技能和职业技能的人才，同时也能够给求职者提供更多展示能力的机会。

五、案例经验与启示

随着互联网技术的快速发展和普及，数字化教育已成为一种趋势和必然选择。通过在线学习，学生无论身处何地都能接受优质教育，同时广大青年也有了更多的就业机会。在中国，随着数字化时代的到来，政府和企业应积极拥抱数字公平，推动在线学习的发展。

教育是每个国家和社会发展的重要基石之一，而在线学习作为现代化教育的一种方式，正逐渐成为人们获取知识和技能的重要途径。政府应该积极鼓励和支持在线学习平台的建设与发展，以提高其质量和可靠性，从而让更多人受益于其便利性和优越性。此外，随着市场竞争的加剧，企业需要不断提升员工的职业素养和技能水平，以适应快速变化的市场需求。在线学习平台可以为企业提供一个良好的培训渠道，让员工可以在工作之余进行学习和提升自我，从而更好地实现个人价值和组织目标的共同发展。在线学习还可以为广大青年提供更多的就业机会，特别是对于那些处于边缘化群体的年轻人。通过在线学习，他们可以获取新技能和证书，增强自己的竞争力，更好地适应不断变化的现代职场。这也将有助于促进社会的公平与包容，让更多人分享教育的红利。

在南新罕布什尔大学的 FEATuring YOU 项目中，数字徽章发挥了重要作用，可以帮助参与者获得就业机会，证明他们所具备的软技能和职业技能。因此，我国也应该推广数字徽章的使用。政府和企业应当积极推动数字徽章的开发和应用，以推进数字化教育和人才培养。同时，相关部门应协调各方资源，加强不同机构之间的互通性，使数字徽章更加透明和通用。

在实践中，我国可以考虑建立一个数字徽章公共平台，以促进不同领域、不同机构之间的数据共享和认证。同时，政府还应当加强监督和管理，确保数字徽章的安全性和可靠性，并提高其市场竞争力和用户体验的满意度。在教育领域，数字徽章的使用将促进学术成果的认证和分享，帮助学生更好地展示自己的能力和成就。通过数字徽章，学生可以展现个人素质、专业技能和社会责任感等方面的优势，从而增强自身竞争力和求职优势。同时，在教育行业内部，数字徽章的使用也可以促进教育资源的共享和交流，提高教育质量和效率。因此，鼓励和推广数字徽章在教育领域的应用，能够为学生成长和职业发展提供更多的机会和选择。

第二节　韩国终身学习账户系统LLAS

一、案例基本信息

案例名称：韩国终身学习账户系统

实施时间：2010 年至今

主要实施者：韩国政府

实施对象：全体韩国公民

相关网址：https://www.all.go.kr/center/common/sso/ssoCheckForm.do?TOP_CD=
urn%3Aoasis%3Anames%3Atc%3ASAML%3A2.0%3Astatus%3AResponder&SECOND_C
D=urn%3Aoasis%3Anames%3Atc%3ASAML%3A2.0%3Astatus%3AUnknownPrincipal&

本案例展示了韩国终身学习账户系统（Lifelong Learning Account System，
LLAS），包含非正式学习活动的电子档案、学习记录等信息，以终身学习账户的形
式进行记录，并将其转化为教育学分或职业资格，或包含在简历中，以确保学习成
果在工作中得到充分认可和更好利用。

二、案例概述

在一个快速变化的世界中，终身学习变得越来越重要。教育系统的目标是使公
民能够参与社会和社会生活，教育和培训系统的作用之一是使学习者具备雇主要
求的技能，以保持经济的竞争力。在当今这个数字化技术日新月异、全球经济不断
向知识型服务经济转型的时代背景下，教育和培训系统面临的一个关键挑战是如

何确保学习者能够掌握知识和技能。在 LLAS 终身学习账户系统中，个人可以积累和管理他们学习过程中多元的学习经验，既包括在学校教育中取得的学习成果，同时也包括其他各种可以转化为教育学分或职业资格的学习经验。换句话说，LLAS 纳入了学术资格系统和职业资格系统的信息。

LLAS 是由韩国教育部主管和国家终身教育研究所共同运营的系统，国家终身教育研究所负责认可和批准学习者的各种经验，并将其记录下来，以方便他们的学习。LLAS 是以全体国民为对象实施的国家制度，只要愿意，任何人都可以使用，通过学习历史管理系统，使全体国民能够累积、管理和利用个人学习经验。但是，未满 14 岁的人由法定代表人申请使用 LLAS，外国人只要在出入境事务所登记有外国人登记证即可使用。此外，使用该系统时没有额外费用。

与以学位为中心的学分银行系统相比，LLAS 包含的学习范围更广。学分银行系统是根据《学分认定法》对学校及校外进行的各类学习活动和所获得的资格进行学分认定，只要个体累积的学分达到一定的标准，个体就可以获得相应学位。与此相反，LLAS 是将个人的各种学习经验登记到学习账户中，支持系统性学习设计，利用学习成果，为学习者提供个性化的学习路径。通过学分银行系统获得的学历和学分也可以累积在该系统中，可以看作是包括学分银行系统的制度。

韩国期望通过 LLAS 系统的实施，达到以下预期效果：一方面，帮助学员进行系统化学习设计，对学习过程历史记录进行集成管理，促进学习者参与到终身教育当中，确保高质量终身教育的顺利实施。另一方面，帮助社区发展区域人力资源和管理，并提供系统化的学习咨询，扩大区域内教育机构的紧密联系，进一步巩固伙伴关系。除此之外，韩国借助 LLAS 以期建立开放的终身学习国家，扩大和挖掘就业市场的人力资源，建立国民终身学习支援体系。LLAS 平台界面如图 4-1 所示。

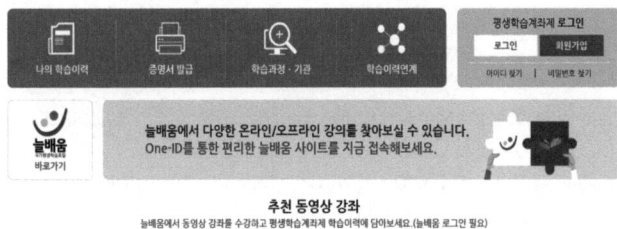

图 4-1　LLAS 平台界面

三、案例实施与推进

（一）实施背景

在 1996 年发表的《教育——财富蕴藏其中》报告中，联合国教科文组织全面阐述了国际社会对人类未来和学习问题的理解，认为终身学习是改变 21 世纪的关键，并提出了学习的"四大支柱"问题，指出"学会求知""学会做事""学会共处""学会生存"将成为教育的核心[①]。经济合作与发展组织于 1996 年制定了"全民终身学习"政策框架。2015 年，联合国大会通过了《2030 年可持续发展议程》，指出各国要为今后15 年实现 17 项可持续发展目标而努力。韩国教育的雄心基本上体现在第 4 项可持续发展目标中，即旨在"确保包容和公平的优质教育，促进全民终身学习机会"[②]。

韩国于 2009 年颁布了《终身教育法》，概述国家和地方政府在促进韩国相关法案规定的终身教育方面的责任，强调终身学习对韩国的重要性，并描述了终身教育制度及其组织。终身学习包括非正式学习以及一生中所接受的正规和非正规教育，是应对时代快速发展变化带来的挑战的重要途径。同时，由于劳动力市场的要求在不断变化，与就业相关的终身学习也变得越来越重要。然而，终身学习的管理非常复杂，因为它需要学习者、雇主和广泛的利益相关者的参与，除此以外，它还需要参与者的自愿参与，这意味着相关部门的治理必须考虑到公民的需求和要求。

近年来，韩国学龄人口规模下降，成年人所占比例上升，预计 2026 年韩国中小学生人数将首次降至 500 万人以下[③]，在此背景下，韩国政府开始反思终身学习的重要性[④]。基于国际背景的推动与现实境况的叠加，终身学习被韩国视为国家政策的核心领域，韩国致力于迈向一个终身学习的社会，激励每个人继续提高自己的

---

① Learning: The Treasure Within[EB/OL]. [2024-04-22]. https://unesdoc.unesco.org/ark:/48223/pf0000109590.

② Lifelong Education[EB/OL]. [2024-04-22]. https://english.moe.go.kr/sub/infoRenewal.do?m=0307&page=0307&s=english.

③ School-Age Population Estimated to Dip below 5 Million in 2026[EB/OL]. (2022-01-13) [2024-04-22]. https://www.koreaherald.com/ view.php?ud=20220113000850.

④ Lifelong Education[EB/OL]. [2024-04-22]. https://english.moe.go.kr/sub/infoRenewal.do?m=0307&page=0307&s=english.

能力，甚至在正规教育系统之外，希望收入、地区和教育差距不会影响终身学习。因此，为了推动终身教育的实施与发展，韩国政府与市政当局和高校打造了 LLAS，允许个人在课堂内外获得各种类型的经验，并进行资格认证，以弥补常规教育评价的局限性，使任何人都可以轻松获得终身学习机会。

LLAS 通过学习设计和管理系统来反思与洞察整个生命历程的学习经验，为学习者创造了一种独立设计和管理系统学习的能力与环境。国家通过评估和管理终身教育计划，确保教育质量的稳定与提升，社会广泛认可并利用个人终身学习的成果，鼓励个人将各种学习经验，如评估认证学习课程的修读、资格获得、实践经验、志愿服务等，在终身学习系统中进行注册。完成这些注册后，学习者将获得终身学习历史证书，这些证书可以在社会活动中发挥重要作用，如用于教育申请、社会参与以及就业材料等方面，从而充分展现个人的学习成果和能力。

（二）实施方案

LLAS 管理公民和社会的各种学习成果，用于学术或资格认证，并与就业挂钩，其方案规划与实施如图 4-2 所示。LLAS 支持个人开设学习账户，便于对自身学习成果进行积累与管理。学习者可以利用相关学习记录进行评价结果认证，并将这些成果与资历和学术证书建立关联，为个人就业与自我提升提供有力支持。此外，LLAS 还为弱势人口提供了宝贵的能力发展机会，帮助他们提升自身素质和竞争能力。LLAS 可以被视为终身学习的"储蓄账户"，个人可以在其中建立自己的个人账户，"存入"不同的终身学习经历，并提前计划如何在职业阶梯上升的过程中"投资"学习经验。

1. 在线学习账户中，注册和管理多样化的学习历史记录

个人学习账户可在终身学习账户

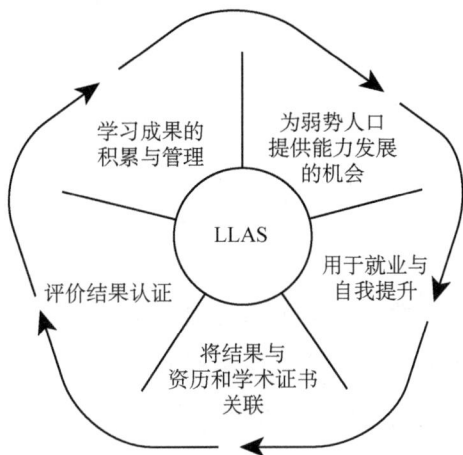

图 4-2　LLAS 方案规划与实施

注册会员或同意与其他机构进行终身学习账户联动后开设。通过网站开设个人学习账户时应注意，需要使用本人名下的手机和个人信息进行认证；开设团体学习账户时，个人学习者应填写并签署终身学习账户开放申请（包括开设学习账户申请表、个人信息收集使用同意书和授权书），然后提交给教育机构。个人学习账户和团体学习账户的开设流程分别如图 4-3 和图 4-4 所示。

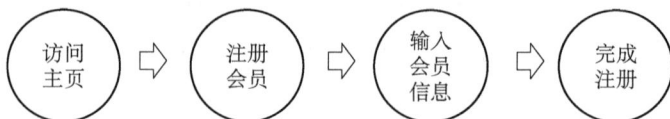

图 4-3　个人学习账户开设流程

图 4-4　团体学习账户开设流程

学习者的学习历史记录将从学历、经历、资历、终身学习和其他活动事项五方面展开。学历属性包括小学、初中、高中、大学（院），以及获得的替代学历、海外学位和奖学金等；职业属性包括学习者的工作经历或讲课经历等内容；资格属性包括国家认证的公民资格、国家技术资格、国家专业资格、海外资格等；终身学习记录属性包括评估学习课程、合作机构的学习课程以及其他丰富的学习经验；其他活动属性包括学习者获得的奖项、海外学习经验、语言研修、论文和投稿、阅读、志愿者活动、爱好和加入的俱乐部等内容。

学习者可以自由制定短期、中期、长期学习目标。此外，学习者还可以自主管理学习历史记录，便于随时查看和修改自己的学习历程，从而更好地掌握学习进度和方向。

学习历史记录可自动关联。终身学习账户系统支持将学习者的学习成果和学历及资格证联系起来（图 4-5），或用于求职。注册和管理后的学习历史记录将自动与学历、资格认证进行关联。存储在学习账户中的数据将永久保留，但是，学习者的 ID（学习账户）每两年重新运行一次，如果不同意，则学习账户将转换为休眠账户。

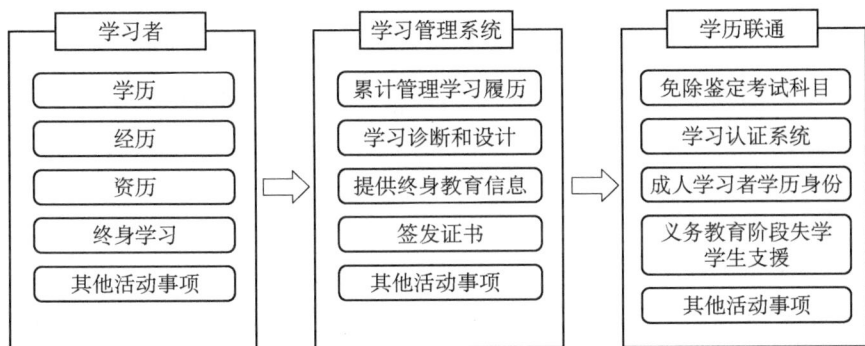

图 4-5　学习历史记录自动关联

2. 国家终身教育研究所负责认可和批准学习者的各种经验，并将其记录下来，以方便他们的学习

　　LLAS 系统网站的实施是为了支持已经开设个人学习账户的个体在特定地区、学院或学习领域搜索终身学习课程。为了使学习者的非正式学习得到认可，个人需要在终身学习中心注册。韩国国家终身教育研究所负责对这些终身学习中心进行认证。评价认证是通过评价终身教育机构开办的学习课程是否符合《终身教育法》规定的某些标准，对终身学习账户系统进行评价，然后再承认其为学习课程的过程。评价认证的目的在于推动学习者的终身教育进程，促进人力资源的持续发展，根据《终身教育法》对要记录在学习账户中的学习过程进行评估，旨在确保学习者对该系统的信任。

　　评估识别类型包括个人学习过程单元和全学习过程单元两大部分，个人学习过程单元又分为线下学习课程和线上学习课程，全学习过程单元包括事业单位评估识别和评估豁免。每种类型都有其特定的申请要求：线下学习课程需要满足周期和操作时间要求，并且已结束学习过程操作；线上学习课程申请的要求为具备一年以上的学习过程记录，且每年运行学习时长超过 45 小时的机构；事业单位在评估识别时，要求申请机构至少具备三门经过认可评估的终身学习账户系统学习课程记录；评估豁免需要国家和地方政府部门认可的学习过程。

　　根据《终身教育法》第二条的规定申请认证，课程认证涉及以下几个方面：①教育设施和设备；②教学过程；③教员和讲师；④学习者的管理系统；⑤教育、科学和技术部认为对学习课程运作有必要的其他领域。其评估识别程序如下：①通过教育机构提交学习过程评估认可申请和相关基础材料；②国家终身教育促进机构组成区域评估组，评估组通过书面审查进行评估；③终身学习账户审查委员会审议评估结果；④教育部报告学习过程评估认可结果；⑤教育部长最终批准；⑥发送各教育机构的评估结果信函。

3. 签发证书

学习者的学习历史结果认证大致可分为三部分：韩国国家教育信息系统负责学历认证；专利厅负责专利认证；大韩商工会议所、韩国产业人力公团等四个机构负责资格认证。

学习者可以选择颁发终身学习历史证书的机构。颁发终身学习历史证书时，首先对学习成果进行总结，如图 4-6 所示，然后从学习账户批准的内容中选择所需的项目打印即可。有三个网站机构拥有颁发该证书的资格：第一个是终身学习账户制度网站（www.all.go.kr），第二个是政府 24 网站（www.gov.kr），第三个是终身学习网站（www.lifelongedu.go.kr）。终身学习历史证书的颁发程序如图 4-7 所示。

图 4-6   学习成果总结

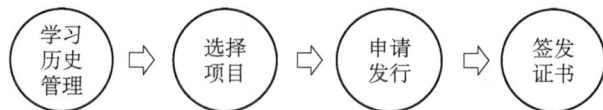

图 4-7   终身学习历史证书的颁发程序

案　例

正在首尔礼服城升宝高中就读的高二学生姜俊茂，在职业训练营中偶然发现并使用 LLAS，获得了良好的学习体验。对姜俊茂来说，LLAS 就像 Alpha Go 一样，它通过大数据产生最佳结果，使得他能够通过记录、积累和回顾自己的学习活动逐渐找到自身薄弱之处。通过查看自小学以来积累的结果，例如，自己完成了什么活动以及对什么感兴趣，姜俊茂能够客观地评价自己；在写自我介绍信收集数据的过程中，LLAS 可以帮助他对系统中存储的数据进行搜索，并打印所需的内容，同时，通过参考终身学习账户系统管理的数据，他能够更加自信地面对纸质审查；在当前阶段，LLAS 也可以帮助他选择真正适合自己的专业。姜俊茂非常喜欢 LLAS，因为这会让他获得一定的成就感和满足感，并且他非常乐意向他的朋友介绍该系统。

（三）实施效果

LLAS 与基础教育机构以及高等教育机构合作，用终身学习历史证书代替学校生活记录，并将其用作入学筛选材料。终身学习历史证书是由个人提供给学校（常规课程），在国家学习历史管理系统中积累并记录的材料，以便使学生在各种教育机构中学习的成果可以被正式利用，在一定程度上推进了初级、中级、高级考试的变革。

学习者都对使用 LLAS 系统有很好的体验。借助终身学习账户系统，学习者喜欢探索和汇编自己相关的学习证据，帮助他们找到自己可能没有意识到或不知道的事情，如自己的优势和有成长空间的领域，进而更积极地投入学习，追求自己喜欢做的事情并拥有和体验这种满足感。

2010 年推出以来，截至 2021 年，LLAS 的开户人数已达 461 736 人，注册学习人数为 94 886 人，这两个数字仍在逐渐增加[①]。借助 LLAS，个人在开设个人学习账户方面得到了有力支持，他们可以使用学习记录来回顾自己的学习历史活动，检查以往学习过的领域，并做出进一步的应对计划，此外，还可以使用他们的学习记录作为免修中小学课程以及求职的重要凭证，无论是公共部门还是私人企业，都认可 LLAS 系统中的学习记录。

---

① Education in Korea 2021[EB/OL]. [2024-06-07]. https://english.moe.go.kr/boardCnts/viewRenewal.do? boardID=282&boardSeq=91023&lev=0&statusYN=W&s=english&m=0502&opType=N.

四、案例特点与创新

LLAS 改变了传统的教育评价管理方式和模式，面向所有的学习者，让其有机会继续学习并完整记录其学习历程和相关资料。相较于传统的档案记录袋，LLAS 具有其自身的特点和创新性。

（一）特点

1）政府主导，多方协同。LLAS 是韩国政府主导的系统，政府通过资金补贴和政策支持，鼓励韩国公民和企业不断学习与进修。此外，LLAS 还连接了多方部门和机构，如 NEIS、日本专利局、大韩商工会议所、韩国产业人力公团和韩国生产力总部，打通了机构间的壁垒，提升了服务效率和质量，共同推动终身学习的进步和发展。

2）学习记录容易管理。传统上，人们习惯于在表格或存储介质（如 USB）中保存资料、经验和多年的学习成果。然而，随着这些材料的数量不断增加，管理起来变得愈发困难。尽管如此，这些学习细节对于学习者而言却都是宝贵的，值得长久保留。幸运的是，LLAS 系统有效解决了这一难题。它能够在一个平台上统一整理注册学习者的终身学习历史，并按部门进行分类管理。学习者可以安全、可靠地在系统中存储和查看这些数据，不需要每次都携带大量的纸质资料或担心存储设备的管理问题。这不仅方便了学习者的日常使用，也大大提高了学习资料的管理效率。

3）提高学习者的学习热情和信心。学习对个体生活的幸福有很大的影响。在学习的过程中，学习者总是需要不断专注于提升自己，而不只是专注于结果，如果学习者能很好地管理自己的学习过程并不时地进行检查，这将为他们带来莫大的鼓励。LLAS 可以按月和按年进行检查，学习者能够掌握学习参与的总体流程，当学习者缺乏学习动力时，这是一个增加其学习动力的机会；当浏览自己的学习过程和成就时，学习者会为自己的努力感到自豪，进而会对学习充满更大的热情。更重要的是，学习者通过回顾自己的学习历程，可以确定其前进的方向。

4）促进教育公平。公平意味着所有学习者都有平等的机会。LLAS 为所有具有不同社会背景的人群获得学分和学历提供了渠道，可以帮助社会学习者实现梦寐以求的学业梦想，可以帮助他们充分展示自我，以推动他们的生活和工作向前发展。

（二）创新

1）持续性支持。LLAS 是一个长期的计划，可以持续为韩国公民和企业提供学习与培训支持。LLAS 不像其他学习和评价系统那样只包含特定学习阶段或特定学习对象的学习轨迹和记录，而是一个随着学习者成长和发展不断扩展的系统，学习者账户系统中的信息记录将会永久保留。

2）多样化方式。LLAS 支持多种学习和培训方式，包括大学、职业学校、语言学校、在线课程等，以满足不同人群的学习需求。学习者账户系统中拥有丰富、广泛的学习类别，可用于注册、教育、职业、认证等活动。同时，学习者可以不受限制地参加各种项目，通过尝试管理课程内容来增强学习意愿，通过自身努力获得相应的奖项和证书。

3）账户制度和学习作品集。通过账户制度，LLAS 为韩国公民提供了统一的学习管理平台，以方便其管理和使用。学习者可以将自己的亲身经历系统地记录在账户系统中，并创建自己的作品集，从更加全面、更加丰富的角度，客观地反思和评价自己的学习过程。该系统可以根据学习者的自身特点和优势，提供适合其发展的专业方向和职业建议，推动学习者的个性化发展。

五、案例经验与启示

韩国 LLAS 的成功经验为我国未来教育发展提供了宝贵的启示，政府、企业和教育机构应该共同努力，推动终身学习和教育发展，促进个人和国家的可持续发展。

1）强调终身学习。LLAS 是韩国政府推出的一项鼓励终身学习的计划，通过账户系统为韩国公民和企业提供更多的学习和发展机会。时代的快速发展与变化，促使人们必须不断更新知识观念和技能，以获得新的适应力。因此，未来我国应加强对终身学习的规划、部署和引导，营造终身学习的社会氛围，促进终身学习理念更加深入人心，以点带面，以面促点，共同建设终身学习型社会，助力全体公民增值赋能，提升国家终身学习文化软实力。

2）支持多种学习和评价方式。当前，传统教育方式仍以正式学习为主，非正式学习虽在一定程度上得到提倡和鼓励，但是非正式学习的结果尚未得到认可和统一认证。因此，未来我国应支持多形式、多渠道、多类型的学习方式，同时构建深度融合智能技术的教育评价体系，转换教育评价动力新引擎，不断融合、更新、拓展学习结果认证方式，以满足不同人群和企业的学习需求，鼓励人们不断学习和进修。同时，数据驱动的教育改革已成必然趋势，应提升教育大数据的治理能力，开展基于大数据的教育评价分析，开展全过程、伴随式的教育数据采集，建立学生终身发展综合档案袋，助推评价方式的灵活发展，提升教学质量和效率。

3）建立统一的国家学习和评价管理平台。LLAS 是政府联合其他部门和机构搭建的面向所有人群的公共平台。未来我国也应搭建面向各级各类教育和不同学习者的教育公共服务平台，通过在线平台进行统一管理和个性化使用，有效汇聚优质教育资源，为广大学习者提供高质量的学习历史管理服务和应用服务，实现业务协同一站式办理。

4）为学习者颁发数字学历"通行证"和综合能力微型证书。未来我国也应建立学分认证和转移机制，使学生能够根据自身实际情况自主选择学习内容和学习方式，并且能够将学分转移到其他学习机构，实现学习资历的互鉴、互通、互认，为学生提供学分认证、证书认证、学位认证等服务，促进学习者的终身学习和职业发展。

第三节　纽约州立大学微证书项目

一、案例基本信息

案例名称：纽约州立大学微证书项目

实施时间：2015 年至今

主要实施者：纽约州立大学微证书项目组

实施对象：美国纽约州立大学

相关网址：https://www.suny.edu/microcredentials/

美国纽约州立大学设立微证书以支持 P-12 工程教育共同体的教育者与管理者，并为学校师生，以及各种职位、行业的校友及专业人士提供专业发展指导，包括为在职工人提供培训以提高他们自身的竞争力，并在他们参与的学习项目顺利结束后颁发微证书作为凭证。

二、案例概述

纽约州立大学的微证书是由颁发机构认可的，是通过既定的教师管理程序开发的，旨在实现有意义和高质量的学习。微证书是一种获取过程紧凑的证书，它补充了证书和学位课程，但与之不同的是，它们花费时间更少、学习时间更集中，旨在直接为劳动力提供精心设计的技能、知识和经验，并在可能的情况下，也可作为获取初始或高级学位的途径（可堆叠）。

随着项目的发展，纽约州立大学的微证书定义也在不断变化，更好地界定了"有意义和高质量"的含义，明确重点是满足潜在的微证书获得者的需求，为他们提供多种成功途径。

微证书能够为获得者提供在就业市场上有直接价值的技能、知识和经验，并尽可能让学习者在学习之后能够获得初始或高级证书或学位。学习者可通过四门课程的完成，成功获得一个微证书。微证书也可以转换为 12 个学分，还能够为获得者提供相关专业领域的学习证明。纽约州立大学提供的微证书系列包括初级、中级和高级微证书，可为获得者提供广泛的专业领域技能学习选择。

三、案例实施与推进

（一）实施背景

第四次工业革命、全球化、人口老龄化、气候变化和科技进步（包括人工智能等技术的进步）等变革力量促使工作性质发生变化，导致技能短缺日益严重，提升技能、重新学习技能和培养新的数字世界所需的人才显得尤为重要。除此之外，传统学位学习的费用高昂，缺乏与就业需求对接，难以及时调整以适应不断变化的形势。因此，学习者对新的终身学习路径和新形式高等教育的需求与日俱增。此外，一些知名跨国公司的招聘政策也在倒逼教育改革。比如，德勤会计事务所（Deloitte）认为，技能而非职业或资格是未来职场的通行证。相对于"一刀切"的传统教育，微证书项目不仅能使学习者参加个性化的、短期的、正式的学习，还能获得得到认证的学习证书，使得雇主更好地承认和体现他们一生的学习成就，而且该项目具备灵活、方便和价廉的特点。

微证书项目可以促进终身学习和职业发展。通过提供灵活、实践导向的学习路径和与工业界的紧密合作，该项目可以帮助学生更好地了解劳动力市场的需求和期望，从而弥合学生对劳动力的准备差距。

（二）实施方案

纽约州立大学特别工作组反复关注的问题是，在确保学术质量和学术严谨性的同时，仍然允许必要的灵活性和自主性，从而创造性地推出微证书。微证书发展的指导原则包括以下七点。

1）学术质量对微证书来说是最重要的，教师的管理是必需的。纽约州立大学的微证书必须符合学术严谨性的高标准，必须采用适当的共同管理渠道，使有学分的微证书享有合法的学术地位。因此，课程委员会和纽约教师管理机构必须参与制定和批准微证书，这在每个校区都是适当的，并且符合纽约州立大学的政策和纽约州的规定。

2）微证书项目由纽约发起，根据当地的校园政策和程序进行开发和批准。微证书项目的特点之一是它们利用了当地的机会和当地的专业知识。微证书项目组鼓励校园开发服务于当地选民的微证书，而不是去迎合一套通用的、标准化的标准。在开发微证书项目时，校园要与他们在纽约州立大学系统计划审查和规划办公室的联络人协商。

3）为满足市场需求而设计的微证书应以适当市场的现有数据为依据，并与相关行业的需求相一致。微证书的特点，尤其是开放式数字徽章，在于它们能够较为容易地向雇主展示申请人的技能和能力。由于它们通常与特定的市场需求相一致，在规划和开发微型资格证书时应纳入这些需求和行业标准的数据。

4）微证书可以为行业和教育的联系合作提供机会。由于微证书旨在强调特定的技能和能力，因此，在创建时应尽可能听取行业伙伴和其他雇主的大量意见，包括与工商界代表会面，并向当地雇主征求初步意见。微证书项目是成功的，因为它们反映了学术界和产业界的伙伴关系。

5）微证书项目在本质上更加灵活和创新。由于微证书的规模比正式学位小，其标准化的要求较少，微证书往往更易于创新。微证书项目可能导致新的、创造性的课程和项目的产生，微证书可以满足市场的需求，具有及时性、便捷性和灵活性等特点。

6）微证书应该是可移植的。微证书应该在其获得的特定环境之外仍然有用。也就是说，微证书应该帮助学生在某一特定领域获得就业（或晋升），并且应该被计入可能在同一或其他学术机构提供的更高层次的证书中。

7）微证书应该是可叠加的。微证书应能与注册证书或学位相叠加。可堆叠证书是一系列证书的一部分，可以通过长期积累来提高个人的资格，帮助个人沿着职业道路前进和继续深造。

（三）实施效果

纽约州立大学是第一批在 2018 年 1 月采用微证书政策的高等教育系统（或机构）之一，该政策适用于所有校园。截至 2023 年，纽约州立大学在 29 个校区提供 400 多个微证书项目，未来这一数据将继续增长[①]。

纽约州立大学的微证书项目与学徒计划完美匹配。每个纽约州劳工部注册学徒计划都有必需的教育部分，该课程作业可以直接与纽约州立大学微证书项目挂钩。这些课程由纽约州立大学与雇主合作确定，确保为学徒获得国家认可的技工证书做好准备。然后，这些课程可以捆绑在一起，形成纽约州立大学的微证书，该微证书可为学徒提供第二个可叠加的证书和修读副学士学位或学士学位课程的途径。有了专为满足新兴市场需求而设计的微证书和学徒制，学生就能在不断变化的经济环境中为职业生涯做好充分准备。

重要的是，纽约州立大学通过一系列工作来支持国家对高质量微证书的认可。目前的工作包括参与由纽约州立大学系统、北卡罗来纳大学系统、北卡罗来纳社区学院系统、科罗拉多州社区学院系统和科罗拉多州高等教育部合作开展的全国"证书随行"（Credential As You Go）活动。这项由教育服务研究所支持的工作由纽约州立大学帝国州立学院领导。纽约州立大学微证书项目组开始看到该项目的劳动成果，成人学习者从获得微证书转为攻读学位课程，在职人员从非学分专业发展转为学分活动。通过该项目，成人学习者获得了他们所需的专业发展，甚至州外学生也在使用微证书作为了解纽约州立大学和特定课程的一种方式。微证书项目为 P-12 工程教育共同体的教育工作者和管理人员提供支持。现有的学生正在使用微证书来认可他们的主要成就，同时也为他们的专业增加补充技能。更多的人了解到什么是纽约州立大学微证书，并认识到纽约州立大学在这一领域提供的与众不同的服务以及卓越贡献。

---

① Our Story: Building SUNY's Microcredential Program and Initial Lessons Learned[EB/OL]. [2024-04-22]. https://www.suny.edu/microcredentials/program-development/.

四、案例特点与创新

第一，资格证书具有模块化及可组合性。微证书的显著特点是可以组合，即学习者将不同的微证书组合在一起，以此来申请正式的教育文凭或技能资格证书或"大证书"。因此，微证书也被视为高等教育模块化运动的一部分，这意味着教育供给可以分成更小的部分，既可以作为单独的单元，也可以组合起来形成更大的学习单元。现有微证书中的一些证书能够为学习者提供一定的学分，而另一些证书是没有学分的。有学分的微证书的评估程序与传统资格认证的评估程序一致。因此，学习者所需的学习时间和工作量必须与目标资格的学分相对应。微证书是一种相对较新的学习方式，允许个人通过多个微证书来构建自己的技能组合，通常能为学习者提供比传统的大学课程更多的行业最新知识，特别是与工作关联的应用技术知识，因此微证书项目更适合大量的行业培训，以便在职员工获得技能发展，实现职业晋升。

第二，学习方式更具灵活性。微证书的学习分为线上、线下或线上线下混合式三种学习模式，一般以在线学习方式居多，并根据学生和工作场所的需求进行个性化定制，可以作为独立的课程进行。与完全学位课程相比，学习者在微证书上花费的时间相对更少，大多数的微证书允许学习者按照自己的节奏安排进度，学习者可以按照自己的意愿快速或缓慢地进行学习。因此，微证书在学习周期上也表现出灵活性，并且与传统资格认证的教育课程相比，微证书课程的完成时间通常更短。完成微证书所需的时间因其类型、提供者和所在区域及行业企业等而异。学习者可以依据自己的时间、成本和所能接受的学习方式选择不同的微证书课程来学习。

第三，微证书具有平台发展性。虽然微证书不限于在线课程，但通过慕课平台发放微证书发展得很快。迄今为止，提供在线微证书的大多数大学主要是通过慕课平台进行操作的。在慕课平台上，学习者可以清楚了解自己是否具有资格申请微证书、某门微证书是否真的适合自己，还可以查看课程教学大纲、学习时间与教学时间、主要学习内容、学习成果等。

五、案例经验与启示

尽管缺乏一个共同定义，但微证书领域的实践丰富多彩，微证书得到了越来越多国家和地区的广泛认可。然而，微证书领域的相关机构各自为政，彼此缺乏对接，较为凌乱。因此，我国需要建设一个包括微证书在内的共同的、统一的证书生态系统，以发挥微证书的潜在作用。

微证书目前朝着正式、半正式和非正规微证书的方向发展。然而，这种区分并不完全泾渭分明，如果把非正式学习经历排除在微证书框架以外，那么不同组织机构提供的终身学习机会可能会被忽略。比如，基于档案袋的评价以某段时间的专业实践证据和自我反思为依据，因此应该被算作微证书的一部分内容。因此，我国需要继续深入探索更多不同类型的微证书，以满足不同场景、不同人群的需求。

目前，聚焦雇主、员工和相关专业团体对微证书的看法的研究极其匮乏。有限的几项研究表明，这些利益相关者对微证书的了解和认识不足，因此不能充分认识其作用。我国应该根据自身发展的经验以及特征，开展全国性调查，应该更加重视所有利益相关者的意见，这样有助于增进调查对象对微证书的了解和认识程度，以促进微证书的完善应用。

第四节　加拿大思培考试

一、案例基本信息

案例名称：加拿大思培考试

实施时间：2010 年至今

主要实施者：加拿大语言评估机构

实施对象：申请加拿大永久居留权、公民身份或专业资格的个人

相关网址：https://www.celpip.ca/

加拿大英语水平指数考试（The Canadian English Language Proficiency Index Program，CELPIP），又称加拿大思培考试，是针对申请加拿大永久居留权、公民身份或专业资格的个人英语语言能力的测试，主要评估应试者在阅读、写作、口语和听力等方面的能力。思培考试完全是一个基于计算机的测试，参加测试的人有机会一次性完成测试的所有部分，不需要任何额外的面试或预约。

二、案例概述

思培考试是加拿大移民、难民及公民部官方指定的英语语言测试，主要用于检测希望移民加拿大人士的英语应用能力。目前，思培考试分为两种类型，即思培普通考试（CELPIP-General Test）和思培普通听说考试（CELPIP-General Listening Speaking Test），前者考查听、说、读、写四种语言能力，后者只考查听力与口语内容。

思培考试主要评测学生对于日常英文对话及情境的运用能力，考试内容场景设置更贴近加拿大日常生活，口音也只有标准的加拿大英语口音，所有题型均为单项选择题（写作部分除外）。思培考试采用全机考模式，参加思培考试的考生利用计算机的键盘与鼠标来完成考试的阅读和写作部分。此外，应试者需要使用耳机与麦克风来完成考试的听力和口语部分。

三、案例实施与推进

（一）实施背景

思培考试由不列颠哥伦比亚大学的子公司 Paragon Testing Enterprises 创立管

理。它是唯一一家提供加拿大移民、难民和公民部指定的英语水平测试的加拿大公司。思培考试是加拿大官方认可的语言考试，被加拿大移民、难民和公民部以及加拿大所有大学、大专和需要语言证明的专业机构所接受。2015 年 6 月之前，思培考试还包括思培学术考试（CELPIP-Academic Test），但是由于加拿大学术英语能力评估（Canadian Academic English Language Assessment）测试的普及，思培学术考试在 2015 年 6 月被取消。

2019 年 7 月，思培考试每次考试之间的间隔改为 4 天，每次考试成绩有效期为两年，并且在打分结束后 6 个月内均可以申请复议。2020 年，思培考试对评分等待时间进行了调整，将原来的 8—10 个工作日改为了 4—5 个工作日，也就是说，在考试结束后的一周之内，考生将收到考试结果与成绩单。

（二）实施方案

1. 考试类型

（1）思培普通考试

思培普通考试考查听力、阅读、写作及口语四个部分（表 4-1），总共用时大约为 3 小时。听力和阅读测试还包含用于测试开发的未评分题目。这些未评分题目可以在听力和阅读测试的任何地方找到，其格式与已评分题目相同，但应试者无法区分已评分题目和未评分题目。

表 4-1   思培普通考试详细信息

科目	时长（分钟）	题项	内容
听力	47—55	1	练习任务
		8	第一部分：听录音并解决录音中提出的问题
		5	第二部分：听一段日常对话录音，并回答问题
		6	第三部分：听一段信息叙述录音，并回答问题
		5	第四部分：听一段新闻播报录音，并回答问题
		8	第五部分：听一段讨论录音，并回答问题
		6	第六部分：听一段录音，寻找观点，并回答问题

续表

科目	时长 （分钟）	题项	内容
阅读	55—60	1	练习任务
		11	第一部分：阅读信件
		8	第二部分：阅读图表
		9	第三部分：为信息而阅读
		10	第四部分：为观点而阅读
写作	53—60	1	任务一：写一封电子邮件
		1	任务二：回复调查问题
口语	15—20	1	练习任务
		1	任务一：给出建议
		1	任务二：谈论个人经历
		1	任务三：描述场景
		1	任务四：做出预测
		1	任务五：比较与说服
		1	任务六：处理复杂情况
		1	任务七：表达观点
		1	任务八：关注非常规情况

（2）思培普通听说考试

思培普通听说考试有两个组成部分，即听力和口语，其内容与思培普通考试中的听力和口语部分相同，总共用时大约为 70 分钟。

2. 考试流程

（1）考试前

思培考试需要携带有清晰照片的有效证件，驾照不可作为有效证件。报名思培考试时，思培中心会以电子邮件形式给考生发送确认信，此确认信需以电子版或纸质版的方式在考试当天给监考人员检查。

对于准备参加思培考试的个人，思培中心会提供各种免费和可购买的学习资料。免费的思培考试材料包括如下方面：①样题：思培考试网站会提供免费的样本测试问题和答案，以帮助考生了解测试每个部分的基本情况；②练习测试：考生在免费注册思培考试账户后会得到一个全真练习测试，该测试涵盖了测试的每个部分和对应详细答案；③网上免费资源：网上每周都会举办一次免费的思培考试信息会议，为考生提供关于测试的概述以及问答环节。除信息会议外，网上还会定期举办免费讲习班，帮助考生准备思培考试的口语部分。这些资源的录像也可在思培YouTube 页面上找到。

（2）考试中

根据报名的考试时间，考生需提前 45 分钟到达考场。思培考试从进入考场到准备考试，办理手续时间不超过 15 分钟，只需要和前台确认身份证件及报名确认信。存放好个人物品后，考生便可进入考场进行最后的准备工作。监考人员会为考生进行拍照（此头像照片会显示在考生考试的电脑上，也会作为考生最终成绩单上的头像照片）。拍照完成之后，考生便可进入考场，之后会拿到一张白纸，纸张最上方显示的是自己所对应的座位号和电脑密码。在监考人员带领考生到电脑前入座后，考生便可输入电脑密码等待监考人员的指示。监考人员会在等待期间提供纸笔，考生可在考试中随意运用，如果不够，可举手向监考人员索取。在等待过程中，考生可以测试耳机的音量大小，并将其调整到适合自己的程度。在考试过程中，考生需时刻注意考试用时。所有考生均在同一场地进行机考，因为阅读速度以及答题速度的不同，每位考生的答题进度不一，所以考生在考试过程中一定要时刻调整自己的状态，把注意力时刻放在自己的考题上。

（3）考试后

思培考试结束后，考生在考试过程中所拿的纸和笔都需要交还给监考人员。考生可以在考试日期后的 4—5 个工作日内通过其思培账户在线访问考试成绩。同时，考生可以在考试日期后的 6 个月内申请重新评估思培普通测试的部分或全部内容。申请重新评估考试成绩的考生将在提交申请和支付重新评估费后的 1—2 周收到重新评估结果的通知。但需要注意的是，要求重新评估听力和阅读部分不太可能导致分数发生变化，因为这两部分是由计算机评级的。

3. 思培级别

思培考试的每个部分都会单独打分并给出一个思培级别。表 4-2 对每个级别考生的语言能力做出了简要描述。由于思培考试成绩已根据加拿大语言基准（Canadian Language Benchmarks，CLB）水平进行了校准，表 4-2 中也提供了与每个思培等级等效的 CLB 级别。

表 4-2　思培级别

思培级别	说明	CLB 级别
12	能在工作场所和社区环境中极为流利地运用英文	12
11	能在工作场所和社区环境中较为流利地运用英文	11
10	能在工作场所和社区环境中高效运用英文	10
9	能在工作场所和社区环境中有效运用英文	9
8	能在工作场所和社区环境中良好运用英文	8
7	能在工作场所和社区环境中适度运用英文	7
6	能在工作场所和社区环境中偶尔使用英文	6
5	能在工作场所和社区环境中尝试使用英文	5
4	能在日常生活中适度运用英文	4
3	在有限情况下能部分沟通	3
M	能做最基本的沟通或不足以评判	0—2
NA	考生未能取得分数	/

注：/表示无等级

（1）口语与写作

思培普通考试的口语和写作部分由经过培训的合格评分员进行评分，他们根据相应的评分标准（表 4-3 和表 4-4）来评估考生的表现。

表 4-3　口语评分标准

维度	内容
内容/连贯性	观点的数量 观点的质量 观点的组织
词汇	词汇选择 精确性和准确性 词汇和短语的范围 词语和短语的适当使用
可听性	节奏、发音和音调 停顿、插入语和自我纠错 语法和句子结构 句子结构的多样性
任务完成情况	相关性 完整性 语气 字数

表 4-4　写作评分标准

维度	内容
内容/连贯性	观点的数量 观点的质量 观点的组织 例子和支持性细节
词汇	词汇选择 精确性和准确性 词汇和短语的范围 词语和短语的适当使用
可读性	格式和段落划分 连接点和过渡段 语法和句子结构 拼写和标点符号
任务完成情况	相关性 完整性 语气 字数

（2）听力与阅读

思培考试听力和阅读问题的所有答案都按照二分法进行评分：回答正确或回答不正确。留空的问题将计分为回答不正确。所有的评分都是由计算机完成的。听力与阅读评级分数如表 4-5 所示。

表 4-5　听力与阅读评级分数

项目	思培考试等级								
	M	3	4	5	6	7	8	9	10—12
听力	0—7	7—12	11—18	17—23	22—28	27—31	30—33	33—35	35—38
阅读	0—7	8—11	10—16	15—20	19—25	24—28	28—31	31—33	33—38

（三）实施效果

思培考试创建的目的是使英语语言能力测试成为那些希望移民加拿大，成为加拿大公民或申请加拿大工作签证等人的首选测试。为了实现这一目的，加拿大一流大学的国际知名学者合作进行了持续的测试研究，确保了测试的高质量。思培考生克里斯娜（Chrisna D）评价说，她曾经也参加过其他的英语语言能力测试，但思培考试对其来说更有体验感，所有的问题场景都是在日常生活中熟悉的情况，就像在日常生活中进行对话一样①。

截至 2024 年，思培考试在加拿大共有超过 33 个测试中心，此外，在美国、阿拉伯联合酋长国、印度、迪拜、韩国、菲律宾、新加坡也设有思培考试网点，并且在中国北京、香港、上海等地也开设有思培考试网点②。

四、案例特点与创新

1）思培考试的结果比纸质测试的结果更快公布，纸质测试通常需要 3—8 个工作日来处理，但思培考试是通过计算机进行的，因而处理速度更快。此外，思培考试由计算机评分，这就消除了人为错误评分的可能性，使每个参加考试的人的评分标准是一致的，从而保证考试分数的准确性。

2）思培考试全机考的模式提供了清晰的界面，应试者更容易浏览每一道题目，且每一部分都有具体的解释和提示。对于写作部分，应试者能够直接用键盘打出他们的回答，而不是用手写，这有助于衡量他们的打字速度。此外，写作部分有拼写和字数提示，口语部分也不需面对考官的提问。

3）思培考试是一种无纸化测试，这意味着它比涉及印刷和运输测试材料的纸质测试更有利于保护生态环境。

五、案例经验与启示

思培考试全机考的模式，对我国的考试机制有着一定的启发意义。机考是以计算

---

① CELPIP[EB/OL]. [2024-06-07]. https://www.celpip.ca/.
② 思培 CELPIP[EB/OL]. (2024-02-27)[2024-06-07]. https://www.lifeca.com/celpip/.

机为考试工具，以优化的题库资源为基础，以现代信息技术为手段，集考试报名、试卷组拼、上机考试、答卷评阅、成绩生成等为一体的新型考试管理模式，在很大程度上可以缩短工作周期，提高工作效率。传统纸笔考试的组织流程环节多、周期长，涉及报名、命题、制卷、运送、试卷管理、现场考试、评卷等繁杂的工作环节；而机考通过计算机技术的有效运用，优化了考试组织管理的程序，确保了考试成绩的客观性与真实性。此外，机考全部在计算机上进行管理，不需要再印制大量的纸质试卷，节省了考试成本，节约了社会资源。2008 年，我国也曾在部分高校首次试行大学英语四级机考，但之后并未推行下去。随着智能技术在教育行业中的应用不断深化，其越来越具有渗透性、扩展性和革命性，我国也应结合实际情况，深度改革考试方式，顺应教育数字化转型，利用智能技术赋能并驱动招考业务改革。

第五节　日本文部科学省基于计算机的测试系统 MEXCBT

一、案例基本信息

案例名称：日本文部科学省基于计算机的测试系统 MEXCBT

实施时间：2021 年至今

主要实施者：日本文部科学省

实施对象：日本小学、中学与高等学校

相关网址：https://support2.mexcbt.mext.go.jp/

本案例展示了日本文部科学省在 2021 年开展的一项基于计算机的测试（Computer-Based Testing，CBT）系统 MEXCBT 项目。该项目旨在提供更高效、更精确的测试方法，以评估学生的认知能力和技能水平。

二、案例概述

文部科学省根据 GIGA（Global Information and Governance Academic，全球信息与治理学术）学校计划，为每个学生配备了一台设备，并推进了名为"文部科学省 CBT 系统 MEXCBT"的公共 CBT 平台的开发和部署。该平台可以让学生在学校和家庭中，利用国家和地方政府等公共机构提供的习题在线进行学习和评估。

2021 年 12 月起，全国有意愿的小学、初中和高中等可以开始使用这一平台。截至 2023 年 3 月，已有约 2.5 万所学校和约 840 万人注册使用该平台[①]。该平台不仅被用于日常课堂教学和家庭学习，还被用于全国学力和学习状况调查、地方政府独立开展的学力调查等。

本案例的目的是通过对 MEXCBT 系统的研究，探讨数字技术在对学生学力和学习状况调查方面的应用情况，以及这种数字化测试方式与传统教育之间的关系。

三、案例实施与推进

（一）实施背景

MEXCBT 系统的开发动力来自日本认识到在全球化的世界中英语语言技能的重要性。随着国际竞争力的不断提升，国家对英语熟练程度的评估也提出了更高的要求，而现有的评估方法，如传统的纸质测试并不能准确评估学生的听力和口语能力，但其恰好又是语言熟练度的关键组成部分。

---

① 文部科学省 CBT システム（MEXCBT：メクビット）について[EB/OL]. [2024-04-22]. https://www.mext.go.jp/a_menu/shotou/zyouhou/mext_00001.html.

作为负责监督日本教育体系的政府机构，文部科学省采取了发展新的计算机测试系统的措施，以解决这些问题。MEXCBT 系统的主要目标是提高日本标准化测试的效率、准确性和可访问性，为测试人员和管理人员提供用户友好和高度安全的环境。通过采用计算机测试方法，文部科学省旨在促进技术融入教育体系，培养学生的数字素养，提高整体教育质量。

日本文部科学省在推广 MEXCBT 系统方面扮演着核心角色，为有意采用该系统的机构提供了全面的支持和资源。他们通过提供资金、举办培训研讨会以及技术支持等方式，确保了机构能够成功地实施 MEXCBT 系统并获取必要的资源和知识。支持中心的设立进一步加强了这一援助体系，为使用 MEXCBT 系统的机构提供持续的支持和资源，包括测试管理指导、技术支持以及与平台相关的信息和资源。这些举措帮助学校和组织更容易地将 MEXCBT 系统整合到他们现有的评估流程中，从而促进了该系统在日本的广泛实施。

MEXCBT 系统是一项涉及公共部门和私营部门以及研究机构协作努力的项目。数字网络联盟是一家专门从事教育技术解决方案开发的非营利性研究机构，文部科学省与数字网络联盟密切合作。数字网络联盟开展了关于计算机测试和自适应测试技术有效性的广泛研究，在 MEXCBT 系统的研究和开发中发挥了重要作用。

私营部门合作伙伴，如日本电气股份有限公司，也为 MEXCBT 系统的开发做出了贡献。日本电气股份有限公司在 MEXCBT 系统的设计和实施方面提供了专业知识和技术支持，确保 MEXCBT 系统符合最高的质量标准、安全标准和可靠性标准。日本文部科学省、数字网络联盟和私营部门合作伙伴之间的协作，为 MEXCBT 系统的开发提供了全方位的支持和创新性的方法，发挥了每个利益相关者的独特优势。

（二）实施方案

MEXCBT 系统的开发是为了响应英语语言技能在全球经济中变得日益重要这一现状，以及满足评估日本学生和专业人士的英语语言技能的更有效方法的需求。日本文部科学省认识到传统的纸质测试的局限性，因此寻求开发一种计算机化测试平台，以在评估英语语言技能方面提供更高的准确性、效率和可访问性。

为了实现这一目标，日本文部科学省与数字网络联盟和日本电气股份有限公司合作，其中，数字网络联盟是一个专门从事教育技术解决方案的非营利性研究组织，日本电气股份有限公司是信息和通信技术产品与服务的领先供应商。这种合作伙伴关系允许它们集成先进的计算机化测试技术和自适应测试算法，以及强大的安全措施来确保测试过程的完整性。数字网络联盟和其他组织针对 MEXCBT 系统的开发进行了广泛研究，探讨了计算机化测试和自适应测试算法在语言评估环境方面的有效性。

MEXCBT 系统的开发和实施工作得以顺利完成，是通过日本文部科学省、数字网络联盟和日本电气股份有限公司等利益相关者之间的合作实现的。这些战略合作伙伴关系使得资源、专业知识和技术能够共享，从而营造了一个有利于创建尖端计算机化测试平台的环境。此外，政府机构、研究机构和私营部门伙伴之间的紧密合作，促使研究发现和技术进步无缝地整合到 MEXCBT 系统中，确保其不断改进和适应不断变化的需求。MEXCBT 系统学生端考试首页如图 4-8 所示。

图 4-8　MEXCBT 系统学生端考试首页

MEXCBT 系统必须通过学习管理系统来访问，使用该系统的一般流程如图 4-9 所示。教师使用 MEXCBT 系统的主要流程如下：①登录学习管理系统网站；②从提供的题目中选择问题，并将其发送给学生；③学生回答后，在学习管理系统网站上确认答案和结果。学生使用 MEXCBT 系统的主要流程如下：①登录学习管理系统网站；②从教师提供的问题中选择问题并回答；③确认答案和结果；④在学习管理系统网站上确认自己的结果。

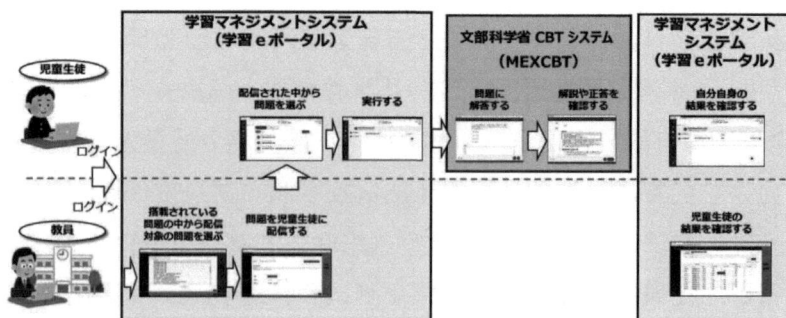

图 4-9　使用 MEXCBT 系统的一般流程

　　MEXCBT 系统的持续研究和评估工作促进人们对计算机化测试及其对教育的影响有了更广泛的理解。数字网络联盟和其他组织已经进行了许多研究①，调查了 MEXCBT 系统的各个方面，如它在提高评估准确性方面的有效性，对学生动机的影响，以及自适应测试提升学习体验的潜力等。

　　这些研究采用了各种方法，包括实验法、调查法和定性访谈法，以收集有关使用 MEXCBT 系统的测试者和管理员经验的数据。这些研究的结果大多是积极的，证明了 MEXCBT 系统在提高英语语言评估的准确性和效率方面取得了显著进展。该系统的自适应测试功能尤为有效，因为它允许对测试者的能力进行更加个性化和细致的评估。

　　这些研究还强调了 MEXCBT 系统对测试参与者动机和参与度的积极影响。研究结果证明，该平台提供的实时反馈对测试参与者极具激励性，鼓励他们更加努力并更深入地参与到测试过程中。此外，该系统中集成的多媒体元素可以增强测试参与者的参与度，为他们提供更沉浸和愉悦的测试体验。

　　这些研究发现不仅为 MEXCBT 系统的持续发展和完善提供了有益的见解，而且为其他国家和机构寻求实施类似举措提供了有价值的启示。随着技术的不断发展以及对准确和高效评估方法的需求不断增加，MEXCBT 系统展示了创新评估方法在提升学生学习成效、增强教学效果以及提高教育质量方面的潜力，可显著推动教育事业的进步。

---

　　① Kita H, Takahashi N, Chubachi N. Multiple platform problems in online teaching of informatics in general education, faced by part-time faculty members[C]. IFIP World Conference on Computers in Education, 2022.

日本文部科学省及其合作伙伴参与了各种旨在提高 MEXCBT 系统认知度以及促进其在教育机构和组织中使用的倡议。这些倡议包括制定推广材料、组织展示 MEXCBT 系统的活动和会议，以及针对学校和组织的宣传推广活动。通过这些努力，日本文部科学省及其合作伙伴能够有效地向广泛受众传达 MEXCBT 系统的优点和特点，促进人们更好地理解计算机化测试的潜在优势。日本文部科学省及其合作伙伴通过展示 MEXCBT 系统的成功和创新，有助于提升其影响力，促使其在日本的广泛采用和实施。

除了在教育机构和组织中推广 MEXCBT 系统之外，日本文部科学省和其他合作伙伴还积极采取各种措施以增强大众对使用计算机化测试的意识。例如，他们定期举办讲座和研讨会，向教育从业人员、政策制定者、大众传媒等群体传达 MEXCBT 系统的优点和特点，帮助他们更好地了解这种测试方法的潜在益处和挑战。此外，日本文部科学省和其他合作伙伴还通过社交媒体与在线渠道向公众宣传 MEXCBT 系统，以加深公众对计算机化测试的认知度和接受度。

另外，日本文部科学省和其他合作伙伴也通过推广 MEXCBT 系统的成功案例来促进其在教育机构和组织中的使用。他们向潜在用户展示该系统在日本实施中所取得的成就，包括提高测试效率、精度和可靠性，以及为教育工作者提供了更多的反馈和数据支持。通过这种方式，日本文部科学省和其他合作伙伴向用户传达了 MEXCBT 系统的价值和益处，鼓励他们在自己的评估流程中采用这种先进的测试方法。

此外，日本文部科学省和其他合作伙伴还积极参与国内、国际会议及展览活动，展示 MEXCBT 系统的先进性和创新性，同时借此机会与来自其他教育机构和组织的人员进行交流与合作。这种交流与合作有助于扩大 MEXCBT 系统的认可和使用范围，促进其在教育领域的大范围推广。

通过以上这些举措，日本文部科学省和其他合作伙伴成功提高了公众对计算机化测试的接受度，促进了 MEXCBT 系统在日本教育领域的广泛采用和实施。

（三）实施效果

自研发以来，MEXCBT 系统已经被广泛采用，许多学校和机构都将该系统用于他们的教育评估中。该系统于 2021 年 12 月开始在日本全国的小学、初中和高中等各级学校中使用。日本文部科学省在推广 MEXCBT 系统的应用方面发挥了重要作用，为学校和机构提供了培训工作坊及技术和资金支持等。这种全面的支持体系使学校和机构能够成功地实施 MEXCBT 平台并将其整合到现有的评估流程中。

MEXCBT 系统的成功实施及推广引起了联合国教科文组织等国际组织和机构的关注。通过与这些组织的合作，MEXCBT 系统得以进一步完善，并且这些合作为制定全球计算机化测试计划的最佳实践和策略提供了重要支持。总之，MEXCBT 系统已经成功地融入日本许多学校和机构的评估过程中，彰显了计算机化测试对评估和了解学生学习方式的革命性潜力。

四、案例特点与创新

（一）特点

1. 数据驱动的决策

MEXCBT 系统的数据驱动评估方法能够分析大量关于学生表现与测试项目特征的数据，分析方式分为单项项目分析和纵向数据分析两种。这些数据可以用来指导教师制定更有效的教学策略、识别学生表现的趋势和模式，以及评估教育干预的效果。

（1）单项项目分析

MEXCBT 系统收集的数据可用于对单个测试项目进行深入分析，帮助该系统开发人员识别需要改进或修改的领域，然后利用这些信息来完善测试设计，确保该系统能准确评估学生所需的技能和能力。

（2）纵向数据分析

教师可以使用通过 MEXCBT 系统收集的数据进行纵向数据分析，以识别学生表现的趋势和模式。这些信息可用于指导教师采取针对性的干预措施，支持他们不断改进教学实践。

2. 灵活性

（1）设备适应性

MEXCBT 系统的设备适应性是其灵活性的关键。该系统可以在多种设备上运行，包括传统的计算机和移动设备，如平板电脑和智能手机。这使得学生可以在任何地方进行测试，不需要使用特定的硬件或软件。此外，MEXCBT 系统还支持多种操作系统和浏览器工具，从而确保其兼容性和可访问性。

（2）可拓展性

MEXCBT 系统的设备的模块化架构是其可拓展性的关键。MEXCBT 系统的模块化架构使其可以集成新功能和能力，以适应不断变化的学生和教育工作者的需求。例如，该系统可以通过添加新的测试项目和评估指标来扩展其功能。此外，该系统还可以集成其他教育技术工具，如虚拟实验室和在线课程平台，以支持综合学习和评估。

（二）创新

在设计和功能方面，MEXCBT 系统的出现代表着学生个人能力水平测试的方式正在发生重大改变。该测试采用了一系列创新方法，使其更具吸引力、互动性和适应性。

1. 项目反应理论

MEXCBT 系统利用项目反应理论（item response theory，IRT）模型生成更准确、可靠的学生能力评估指标。IRT 模型有助于考虑项目难度和区分度的差异，从而创建更适合准确衡量学生各种能力的测试。这促使 MEXCBT 系统可以更好地支持教学实践和学生学习。

2. 自适应测试

MEXCBT 系统的一个关键创新是其能够根据每个学生的个人能力水平调整测试难度。通过实时分析学生的答案，MEXCBT 系统可以确定接下来呈现问题的难度级别。这种自适应方法可以实现更个性化的评估，提高学生的动机和参与度。

3. 多媒体整合

MEXCBT 系统整合了音频、视频和图像等多媒体元素，从而可以创建出更具吸引力和互动性的测试项目。这些多媒体元素也可以用于评估更广泛的技能，如听力理解能力和视觉素养。将多媒体整合到测试设计中已被证明可以提高学生的参与度和动机，从而得到更准确和有意义的评估结果。

4. 自动评分和反馈

MEXCBT 系统的另一个重要创新是其能够提供即时反馈和评分的能力。该系统的高级评分算法由人工智能支持，能够实时评估学生的表现，提供关于他们的优势所在和需要改进的领域等方面的即时反馈。这种即时反馈对于教育工作者来说是非常重要的，有助于让他们快速识别和满足学生的需求。

五、案例经验与启示

MEXCBT 系统的推广及实施为寻求采用类似计算机化考试系统的其他国家和机构提供了有价值的经验，可以为那些旨在提高其教育评估流程的效力、效率、可访问性的国家和机构提供宝贵的资源。

第一，MEXCBT 系统给出的关键经验之一是合作和合作伙伴关系的重要性，包括政府机构、教育机构、研究机构和行业合作伙伴。MEXCBT 系统的成功很大程度上归功于这些利益相关者的积极参与，他们共同开发、实施和完善系统。这种合作促进了知识、资源和技术的共享，为项目整体的有效性和实施效率做出了贡献。

第二，MEXCBT 另一个重要经验是以用户为中心的设计，优先考虑测试人员、教育工作者和管理员的需求与偏好。MEXCBT 系统专注于用户体验，具有高度的易用性和可访问性，能够迎合具有不同能力和背景的用户需求。此外，该系统对多种语言的支持进一步增强了其在各种教育背景下的适用性。

第三，MEXCBT 系统还强调了持续的研究和开发工作的重要性，以确保其持续改进和精炼。通过积极与研究机构和行业专家合作，日本文部科学省及其合作伙伴能够确定改进领域并引入新功能，以增强系统的效力和可用性。这种持续改进对于确保 MEXCBT 系统始终处于计算机化测试技术的前沿至关重要。

第四，MEXCBT 系统强调了强大的安全措施和监考工具在维护测试过程的完整性方面的重要性。该系统所采用的先进加密、多因素身份验证、安全浏览器技术在保护敏感信息和防止未经授权的访问方面至关重要。与此同时，远程实时监考和自动监考可以确保测试环境的安全性，防止作弊行为的发生。

第五，MEXCBT 系统展示了实时反馈和自适应测试功能在提高教育评估准确性与相关性方面的价值。通过及时反馈学生表现并实时调整问题难度，MEXCBT 系统能够更个性化、准确地评估学生的能力，同时提升学生的参与度和动力。

综上所述，MEXCBT 系统代表了传统纸质测试的重大改变。通过 IRT 模型、自适应测试、多媒体整合、自动评分和反馈以及人工智能技术等创新特点的应用，MEXCBT 系统能够提供更准确、可靠、个性化和可访问的学生能力评估结果。此外，MEXCBT 系统中的合作、以用户为中心的设计、持续的研究和开发以及强大的安全措施也为其他国家和机构采用类似的基于计算机的测试系统提供了宝贵的经验和指导。